LES GRANDES INDUSTRIES DE LA FRANCE

PAR A. DROHOJOWSKA

LA SOIE

PRODUCTION ET MISE EN ŒUVRE

LATREILLE — TALABOT —
OLIVIER DE SERRES — VAUCANSON — LA SALLE —
JACQUARD — PASTEUR

« Ce ne sont pas seulement les cultivateurs et les propriétaires aisés qui peuvent se livrer à l'éducation des vers à soie; les plus pauvres habitants des campagnes sont encore certains d'y trouver une précieuse ressource; car c'est un des caractères particuliers de cette industrie de pouvoir se diviser et se fractionner, pour ainsi dire, à l'infini. Il en est de la soie comme d'une manne précieuse dont chacun, suivant sa force et son travail, est appelé à recueillir sa part. » (1).

(1) M. Dumas, Discours prononcé à la séance générale de la Société d'encouragement, 9 juillet 1845.

PARIS
SOCIÉTÉ D'IMPRIMERIE ET LIBRAIRIE ADMINISTRATIVES ET CLASSIQUES
PAUL DUPONT, Éditeur
41, RUE JEAN-JACQUES-ROUSSEAU, 41
(Hôtel des Fermes)

LES

GRANDES INDUSTRIES

DE LA FRANCE

INTRODUCTION

Parmi les causes qui influent le plus puissamment sur la richesse des citoyens et sur la force des empires, sur l'adoucissement des mœurs et sur les commodités de la vie, l'industrie nous paraît occuper le premier rang.

S'appuyant, à toutes les époques, sur la somme de nos connaissances acquises, cette fille du génie créateur de l'homme, s'élève au niveau de nos besoins, partout où on la laisse jouir de la somme de liberté sans laquelle tout essor est impossible.

C'est surtout chez les nations civilisées, dont les besoins sont en plus grand nombre, où les funestes préjugés d'une aveugle routine ont moins d'intensité, où une libre concurrence ouvre à chacun les routes de la fortune que, se faisant un point d'appui de toutes les sciences, l'industrie semble pouvoir vaincre tous les obstacles. C'est là que, brillant de tout l'éclat de son feu créateur, elle nous révèle la force et la profondeur de l'intelligence humaine (1).

Occupée sans cesse à perfectionner ce qu'elle a produit et à produire des merveilles nouvelles, elle s'avance, suivant et dépassant parfois les pas rapides de la science, et semant sur sa route d'innombrables bienfaits.

L'industrie est la reine du monde dont elle a changé la face : c'est elle qui en règle les destinées par la puissance immense qu'elle concède aux peuples policés, dont elle seule fixe les rangs, et par le commerce dont elle a fait le lien des nations.

Qui oserait assigner un terme à la puissance que l'industrie exerce sur la civilisation et le bonheur de l'humanité ?

Établissez une manufacture dans un désert, sur un sol stérile, sous un ciel malsain, et bientôt vous aurez autour de vous un centre

(1) Nous empruntons ce paragraphe et les suivants au remarquable article inséré dans la *Statistique générale du Haut-Rhin*, par M. Achille Penot.

de mouvement; vous verrez se grouper des établissements nouveaux et s'agglomérer une population qui saura arracher d'abondantes récoltes à une terre avare, et faire succéder une atmosphère salubre à des miasmes pestilentiels.

Mais, parmi l'infinie variété de branches dans lesquelles l'industrie se subdivise, par le grand nombre de ses ramifications, il n'en est pas, peut-être, qui soit plus capable de satisfaire aux nombreux besoins d'une population que la fabrication des tissus.

C'est une de ces ramifications la plus importante, sans contredit, puisque c'est à elle que l'on doit cet éclat, cette variété, cette richesse de dessins qui font de certaines étoffes de véritables objets d'art, qui va nous occuper.

Les hommes, les femmes, les enfants, tous ceux qu'une longue étude a préparés à des connaissances en chimie et en botanique, à la grâce du dessin ou au fini de la gravure; ceux dont aucun genre d'instruction n'a développé les facultés intellectuelles; tous, en effet, peuvent trouver dans les nombreuses manutentions que la soie exige, entre le moment où elle sort toute filée du bombyx et celui où elle fait son apparition dans le commerce, sous forme de tissu, un emploi analogue à leurs facultés intellectuelles et physiques.

La soie, par elle-même, est digne du plus haut intérêt.

« De toutes les matières filamenteuses, elle est, en effet, la plus curieuse à étudier, en même temps que la plus préciseuse à mettre en œuvre.

« La forme sous laquelle elle est produite, son éclat, sa résistance, son élasticité, jointe à sa ténuité et à ses propriétés chimiques, lui donnent une grande valeur. On peut dire que la soie est, aux matières textiles, ce que l'or est aux métaux (1).

Il n'est pas jusqu'à ses caractères chimiques qui ne la différencient complètement des autres fibres textiles.

(1) M. Charles Laboulaye, *Dictionnaire des arts et manufactures et de l'agriculture.*

M. Würtz, dans son *Dictionnaire de chimie*, s'étend assez longuement à ce sujet.

Il indique, non seulement le moyen de distinguer la soie, mais encore celui de distinguer entre elles les autres fibres textiles.

« On commence, dit-il, par examiner les fibres au microscope.

« La soie se présente sous la forme de cylindres lisses, amorphes, sans longeur déterminée, et sans cassure intérieure, d'un diamètre à peu près constant.

« La laine, au contraire, forme des écailles épidermiques, disposées comme les tuiles d'un toit et qui, menées à un grossissement de 30 diamètres, apparaissent sous forme de lignes transversales placées les unes à côté des autres.

« Les filaments du coton se distinguent très bien par leur apparence de lanières aplaties et contournées en spirales allongées. »

1° La soie se distingue aisément, par ses caractères chimiques, du coton et des autres fibres végétales.

Mais elle a avec la laine certaines analogies qui, reposant sur son origine animale, sont communes à toutes les fibres animales.

Elle en diffère assez essentiellement, toutefois, pour ne laisser aucun doute à l'expérimentateur.

Ainsi la soie ne renferme jamais de soufre, tandis que la laine en contient toujours.

2° La soie est soluble dans certaines solutions auxquelles la laine résiste parfaitement.

Il est donc toujours possible, il est même facile, de distinguer la fibre de la soie de toutes les autres fibres tant végétales qu'animales.

LES VERS A SOIE

LE BOMBYX DU MURIER

Le nom de bombyx a été donné à un genre d'insectes de l'ordre des Lépidoptères, famille des nocturnes, tribu des bombycites, et qui a pour caractères: ailes entières étendues horizontalement ou inclinées et formant avec le corps un triangle ; les supérieures point arquées à la base de leur bord extérieur ; palpes supérieurs cachés; les inférieurs soit très petits en forme de tubercules, soit presque cylindriques ou presque coniques et dont l'épaisseur diminue graduellement vers leur pointe; langue nulle ou très peu distincte; antennes en peigne, du moins dans les mâles; abdomen très volumineux dans les femelles; chenilles à seize ou quatorze pattes (point arpenteuses), les deux dernières remplacées par une queue fourchue dans celles où le nombre des pieds n'est que de quatorze.

Ces Lépidoptères nocturnes font partie du genre Phalène de Linné. On ne les distingue rigoureusement de plusieurs espèces de Phalènes proprement dites, dont les antennes sont pectinées et qui sont également dépourvues de langue, que par la comparaison de leurs chenilles dont le nombre de pattes diffère et dont le corps est plus ou moins épais.

Gramer désigne ces lépidoptères sous le nom de *Phalènes fileuses*, parce que leurs chenilles sont pourvues d'une assez grande quantité de matières soyeuses et qu'elles filent toutes des coques pour s'y renfermer et y subir leurs dernières métamorphoses.

Les bombyx vivent, pour la plupart, solitairement; il en est cependant qui se réunissent en société et souvent sous une toile qu'ils filent en commun.

Ce sont particulièrement les chenilles des espèces de ce genre, et quelques autres analogues de notre division des nocturnes, bombycites, qui font le plus de tort aux arbres en rongeant leurs feuilles dont elles les dépouillent souvent en peu de jours. Mais si celles-ci sont un fléau pour les cultivateurs, d'autres nous dédommagent de ces pertes en nous fournissant une matière précieuse, la *soie*, qui, mise en œuvre par des ouvriers industrieux, est convertie en des étoffes supérieures à toutes les autres par la finesse, la beauté du tissu et l'éclat, la vivacité des couleurs.

Ce précieux insecte, le Bombyx à soie, *Bombyx mori*, a les antennes pectinées, brunes ; les ailes blanches avec quelques lignes transversales brunes; les supérieures sont un peu recourbées en faucille ; les inférieures, dans le repos, débordent les supérieures, d'où les naturalistes les ont appelées *reverses*. Les antennes des femelles sont moins pectinées que celles des mâles.

La chenille a seize pattes; elle est lisse, d'un blanc jaunâtre; elle a derrière la tête quelques rides formées par la peau et, sur le dernier anneau, une petite corne.

Cette espèce est originaire des provinces septentrionales de la Chine et probablement de quelques contrées adjacentes. La soie que l'on retire du cocon de ces chenilles se vendait, avant l'introduction de cet insecte en Europe, au poids de l'or.

La ville de Turfau, dans la Petite-Bucharie, fut longtemps le rendez-vous des caravanes venant de l'Orient et l'entrepôt principal des soieries de la Chine. Elle était la métropole des Sères de l'Asie supérieure, ou de la Sérique de Ptolémée.

Expulsés de leur pays par les Huns, les Sères s'établirent dans la Grande-Bucharie et dans l'Inde. C'est d'une de leurs colonies, Ser-Hend (Ser-Indi), que des missionnaires grecs transportèrent à Constantinople, sous l'empereur Justinien, dans des tuyaux de canne, les œufs du ver à soie.

On fit éclore ces œufs à la chaleur du fumier, méthode probablement usitée alors dans l'Inde. C'est ainsi que l'éducation du ver à soie s'introduisit pour la première fois dans l'Europe méridionale. Les Arabes la portèrent ensuite sur la côte d'Afrique et de là en Espagne, dont ils étaient les maîtres.

Au temps des croisades, elle passa de la Morée en Sicile et en Calabre. C'est de cette dernière province que des gentilshommes du Dauphiné, qui avaient suivi Charles VIII à la conquête du royaume de Naples, firent venir en France du plant de mûrier et ensuite de la graine de ver à soie. Mais c'est spécialement à Sully que la France est redevable des progrès de cette branche si considérable de son industrie.

Les anciens tiraient encore leurs soieries, soit par terre, soit par mer, des royaumes du Pégu et d'Ava, ou de la Sérique orientale. celle qui est la la plus généralement mentionnée dans les écrits des premiers géographes. Une partie des Sères septentrionaux, réfugiés dans la Grande-Bucharie, en faisaient même le commerce, ainsi que semble l'indiquer un passage de Denys le Périégète.

LATREILLE (Pierre-André)

(1762-1833)

I

Né le 20 novembre 1762, à Brive (Corrèze), et ssu d'une famille distingnée, Latreille n'en eut pas moins à lutter tout d'abord avec les difficultés de la vie.

Son enfance fut à peu près abandonnée, et s'il n'eût eu la bonne fortune d'intéresser un officier de santé de Brive, nommé M. Laroche, personne ne se serait occupé de son éducation.

Cette éducation fut dirigée du côté de l'état ecclésiastique, et il ne fallut rien moins qu'une circonstance toute fortuite pour ouvrir au jeune écolier les voies scientifiques dans lesquelles il devait se distinguer, au point d'obtenir plus tard le titre de *Prince de l'entomologie*.

Voici comment : parmi les protecteurs et les amis

du jeune Latreille, figurait au premier rang, comme affection et dévouement, un négociant de Brive, très épris lui-même des sciences naturelles, et dont la bibliothèque renfermait une foule de livres et de planches sur ce sujet.

M. Malipeyre, ayant prêté quelques-uns de ces livres à son jeune ami, fut frappé de l'intérêt et surtout de l'intelligence avec lesquels ces ouvrages avaient été lus et commentés par Latreille.

Dès lors, ce ne fut plus seulement sa bibliothèque qu'il ouvrit à l'étudiant ; il lui prodigua, en outre, ses conseils et ses encouragements, si bien que lorsqu'à l'âge de seize ans Latreille fut appelé à Paris et placé au collège du Cardinal-Lemoine par son parent, le baron d'Espagnac, gouverneur des Invalides, sa vocation était irrévocablement fixée.

Il ne crut pas cependant devoir abandonner ses études ecclésiastiques et ne tarda pas à entrer dans les Ordres.

Trop consciencieux pour donner aux sciences le temps et les soins que réclamait sa position, il ne consacrait à cette chère étude que ses moments de loisir ; mais, telle était l'application qu'il y apportait, telle était l'aptitude que la nature lui avait départie à ce sujet, que ses progrès étaient aussi sûrs que rapides.

Pendant un séjour assez long qu'il fit à Brive, en 1786, il fit des recherches sur les insectes, qui commencèrent à attirer sur lui l'attention du monde savant.

De retour à Paris, il se lia avec Olivier Bosc, et surtout avec le célèbre savant suédois Fabricius.

Ces premières et heureuses relations lui en ménagèrent d'autres non moins précieuses.

Quelques plantes curieuses dont il fit hommage à Lamarck lui procurèrent, sur ces entrefaites, la connaissance de ce grand naturaliste, dont il devait être plus tard l'ami, le collègue, le suppléant et le successeur.

Un mémoire sur des insectes de l'ordre des hyménoptères, qui portent le nom de Matilles, lui valut, en 1791, le titre de membre correspondant de la Société d'histoire naturelle de Paris et, peu de temps après, celui de correspondant de la Société linnéenne de Londres.

A la même époque, il rédigea quelques articles de la partie entomologique de l'*Encyclopédie méthodique*.

Parmi ces articles, le plus complet, le plus intéressant, et sans contredit le plus utile, est celui que nous allons reproduire sur l'éducation du ver à soie.

Rien d'aussi pratique n'avait été écrit à ce sujet depuis Olivier de Serres.

Encore le patriarche de l'agriculture en France n'avait-il pas été aussi précis, aussi complet que Latreille, par suite des progrès faits par la sériciculture pendant la période qui sépare la publication du *Théâtre d'agriculture* et celle de l'*Encyclopédie méthodique*.

On peut donc considérer Latreille comme le législateur, s'il est permis de parler ainsi, de la sériciculture en France.

Ses conseils, sa direction, sont encore de nos jours la meilleure règle à suivre par le *magnanier*, sauf cependant certaines modifications, certaines améliorations résultant des progrès des sciences chimiques et mécaniques, et que nous avons eu soin d'indiquer par des notes.

II

La Révolution française apporta dans l'existence de Latreille une perturbation, qui fut à la fois pour lui l'occasion de rudes épreuves et de facilités inattendues pour sa carrière scientifique.

En perdant les émoluments de ses bénéfices ecclésiastiques, notre jeune savant se trouva tout à coup en présence de difficultés pécuniaires auxquelles il fallait faire face.

Déchargé en même temps des fonctions sacerdotales, qu'il avait toujours remplies avec une extrême assiduité, il se donna tout entier à la science et lui demanda à la fois une occupation pour l'infatigable activité de son esprit et les ressources matérielles qui s'imposent même à l'homme le plus oublieux de son bien-être.

Cette nécessité de penser à gagner sa vie était dure pour une nature de la trempe de celle de Latreille, et il n'imaginait probablement pas qu'un souci plus sérieux encore pût lui survenir, lorsqu'un arrêt de déportation, comme ecclésiastique, fut rendu contre lui.

Malgré l'attrait puissant qui le retenait à Paris, ce centre glorieux de la science, malgré son vif sentiment patriotique, il est probable que Latreille eût accepté passivement le nouveau coup qui le frappait.

Heureusement, ses amis agirent pour lui.

MM. Dargelas, Bory Saint-Vincent et Martignac mirent à sa disposition l'influence dont ils jouissaient alors.

L'affaire cependant n'était pas si facile qu'ils l'avaient pensé, et leurs démarches étaient restées sans résultats, lorsqu'une circonstance singulière leur vint en aide.

Pendant sa détention, Latreille reçut un insecte rare que, sur le conseil de ses amis, il se hâta d'envoyer à l'un des proconsuls en mission à Bordeaux.

Celui-ci, amateur passionné d'entomologie, s'intéressa au prisonnier, et, par son influence, fit aboutir les démarches en sa faveur, restées jusque-là infructueuses.

Latreille, cependant, dut vivre loin de Paris ; il n'y rentra qu'en 1798.

Sa situation était des plus précaires, et il ne fallait rien moins que le grand amour que lui inspiraient ses chères études pour lui faire prendre en patience ses luttes de chaque jour avec les besoins les plus pressants de la vie, luttes que le dévouement délicat de sérieuses amitiés lui permit seul de soutenir jusqu'au moment où un modeste emploi au Muséum d'histoire naturelle lui fut enfin donné (1).

Pendant près de trente années que dura cette position inférieure, dont un mérite moins modeste que le sien eut dû souffrir, Latreille publia un grand nombre de travaux que nous n'avons pas à mentionner ici, et dont quelques-uns lui ont, de l'aveu

(1) Le soin d'arranger méthodiquement les insectes.

général, assigné un rang parmi les plus grands naturalistes modernes.

« Fabricius l'a placé au nombre des législateurs de l'entomologie, et immédiatement après Linné.

Personne, en effet, n'a plus approfondi que Latreille le système de Linné.

« Il l'a éclairci, en outre, par des recherches sur diverses parties de l'organisation extérieure des insectes, et surtout par l'étude de leurs mœurs; aussi, ceux qui, depuis, se sont plus occupés de leur anatomie intérieure, ont-ils remarqué que, sous ce rapport, les familles établies par lui étaient, en général, parfaitement naturelles. »

Nommé membre de l'Institut en 1814, Latreille dut attendre jusqu'en 1822 la croix de la Légion d'honneur qui lui était bien due.

En 1829 seulement, « à la mort de Lamarck, on lui confia une des deux chaires créées par le dédoublement de celle qu'avait occupée avec tant d'éclat l'illustre savant.

« Encore fallut-il toute l'influence de Cuvier pour établir Latreille dans un poste qu'il ne pouvait plus remplir avec le même succès qu'il l'aurait fait vingt ans auparavant.

Il était bien tard, en effet, pour réparer l'injustice qui avait été commise envers un homme dont la France avait tant à s'honorer !

Latreille, qui ne s'était jamais plaint, se rendait cependant justice à cet égard, et dans les épanchements de l'amitié il caractérisa par un mot spirituel et piquant ce long oubli :

« — On me donne du pain quand je n'ai plus de

dents ! » répondit-il à un de ses intimes, accouru pour le féliciter.

Comme s'il n'attendait que ce grand acte de justice pour se préparer à quitter un monde qu'il avait doté de tant de travaux, et où, à part les joies pures et fortifiantes de sincères et fidèles amitiés, et les consolations plus fortifiantes encore d'une vie constamment et utilement occupée, il avait trouvé si peu de satisfactions, à partir de ce moment, sa santé qui avait toujours été très délicate, déclina rapidement.

Il mourut le 6 février 1833, laissant, à côté de sa juste réputation, comme savant, le souvenir d'une grande douceur, d'une grande bienveillance de caractère, et, ce qui est plus rare peut-être, d'un penchant à la reconnaissance, qui lui faisait apprécier le moindre service et ne lui permit jamais d'oublier un bienfait.

PRODUCTION DE LA SOIE

Si maintenant nous passons de la vie de Latreille à ses œuvres, du moins à ce qui touche à notre sujet, nous y puiserons les détails suivants sur l'éducation du bombyx du mûrier, et sur tout ce qui se rattache à l'exploitation d'une magnanerie.

I

ÉDUCATION DES VERS A SOIE

L'éducation du ver à soie demande beaucoup de soins, et le local destiné à cet usage, nommé *coconnière*, *magnanerie* (1), y influe presque autant que la nourriture.

(1) Chaque mue du ver à soie est accompagnée d'une période d'engourdissement et d'immobilité qu'on nomme *sommeil*, et après lequel le ver se réveille en proie à un appétit dévorant, ce qui lui a fait donner, dans le midi de la France, le nom de *magnan*, qui signifie grand mangeur. De là les mots *magnanier* (celui qui s'occupe de l'éducation des vers à soie) et *magnanerie*.

Une des premières précautions à prendre consiste à éviter d'établir le bâtiment où on veut les élever dans le voisinage des rivières, des ruisseaux, et surtout auprès des eaux stagnantes, parce que l'air n'y est pas assez pur ; ni dans le fond d'un vallon dominé par de hautes montagnes parce que la chaleur n'y est pas égale : elle est trop faible le matin et le soir, et trop forte dans le milieu du jour. L'emplacement le plus favorable pour l'*atelier* est un petit monticule où règne un grand courant d'air ; on doit planter auprès trois ou quatre peupliers d'Italie, ou autres arbres qui, s'élevant sans s'étendre, contribuent au renouvellement de l'air.

Le bâtiment sera mieux exposé ayant sa direction du nord au midi que de toute autre manière, en observant que sa plus grande face soit du côté du levant. Il doit être percé de tous côtés d'un grand nombre de fenêtres larges et élevées, afin d'avoir un courant d'air à volonté et afin que l'atelier soit bien éclairé. Chaque fenêtre doit être munie d'un contrevent à l'extérieur, d'un châssis garni en vitres ou en papier huilé afin de garantir à la fois les vers du froid ou d'une trop grande chaleur ; dans le même but, il faut avoir une provision suffisante de paillassons ou de toiles piquées pour boucher ultérieurement les fenêtres du côté du nord et du couchant quand le besoin l'exige.

L'atelier doit être composé de trois pièces, savoir : un rez-de-chaussée qui servira à déposer les feuilles qui ne seront pas suffisamment sèches quand on les apportera de la campagne ; un premier étage carrelé, et dont les murs seront bien récrépis, sera l'atelier proprement dit; enfin un grenier bien aéré pour étendre les feuilles rentrées humides.

L'atelier doit être proportionné à la quantité de vers qu'on veut élever, mais il vaut mieux qu'il soit plus grand que trop petit, parce que rien ne nuit plus aux vers que d'être trop pressés.

Il ne faut aussi avoir des vers qu'en proportion des mûriers que l'on a à sa disposition, afin de ne pas être obligé d'acheter des feuilles qu'on ne se procurera pas toujours facilement, ce qui expose les vers à jeûner.

D'après les auteurs qui ont écrit sur l'éducation de ces insectes, une once de bonne graine contient environ 40,000 œufs et on estime qu'il faut pour nourrir mille vers jusqu'au moment où ils font leur coque, à peu près cinquante livres de feuilles; ainsi on peut se régler d'après ce calcul (1).

L'atelier doit être partagé en trois parties : l'une servira pour la première éducation, c'est-à-dire depuis que les vers sortent de l'œuf jusqu'à la première mue; la seconde sera l'atelier proprement dit; il peut être de 20 pieds (environ 7 mètres) de largeur sur 40 de longueur et avoir 12 pieds (4^m) d'élévation. Cet atelier suffit pour loger les vers

(1) Les éducateurs de vers à soie les plus habiles portent de 200 à 750 et même à 775 le nombre des œufs fournis par une seule femelle du Bombyx fileur. Le poids de ces œufs varie beaucoup; il en faut 1,140 à 1,235 pour représenter 1 gramme. Quelquefois ce nombre va de 1,805 à 3,800. Pour former une colonie sérifère, il convient d'opérer au moins sur 30 grammes.

provenant de 7 onces (210 grammes). La troisième pièce servira d'infirmerie pour y mettre les vers malades.

Dans un atelier de cette proportion, il doit y avoir quatre ouvertures ou trappes placées près des murs à la distance de 10 pieds les unes des autres. Ces trappes, pratiquées dans la partie qui sépare le premier du rez-de-chaussée, doivent être bien closes et ne pas excéder le niveau du carrelage. De semblables ouvertures et en pareil nombre communiqueront de l'intérieur de l'atelier au grenier, en sens opposé aux premières, afin de renouveler l'air plus promptement. On connaîtra l'importance de ces trappes par la suite.

Les meubles nécessaires dans un atelier consistent en appareils propres à communiquer et égaliser la chaleur; en des tablettes pour supporter les vers à soie, des clayères qui servent à les changer de place, des échelles et des thermomètres.

L'usage le plus ordinaire pour donner de la chaleur dans un atelier, est d'avoir des bassines, en cuivre ou en fer, où l'on met du charbon de bois qu'on fait allumer à l'air extérieur et qu'on rapporte ensuite dans l'intérieur, précautions indispensables, parce que la vapeur de ce combustible est mortelle pour les hommes et pour les vers.

Les poêles valent beaucoup mieux que les bassines, en ce qu'ils donnent une chaleur douce qu'on peut entretenir aisément à un même degré, mais ils doivent être placés en dehors, au rez-de-chaussée. Un atelier de 80 pieds en exige quatre, et un de 40, deux: les tuyaux, qui doivent avoir 6 po ucs de diamètre, seront en fonte ou en terre, à l'épreuve du feu; ils monteront perpendiculairement dans l'épaisseur du mur jusqu'à 1 pied du plancher qui sépare l'atelier du rez-de-chaussée; à ce point, le tuyau formera le coude pour s'emboîter avec les tuyaux de l'atelier. Ceux-ci seront en fonte, en tôle ou en terre et éloignés du mur de 6 pieds ; un peu au-dessous de l'étage supérieur, il auront une soupape pour les ouvrir ou les fermer à volonté; ils passeront à travers l'étage supérieur et se termineront à 2 pieds au-dessus du toit (1). Cette manière d'échauffer est la plus économique et celle qui convient le mieux aux vers.

Dans un atelier uniquement consacré à l'éducation des *vers à soie*, la tablette et les montants doivent être à demeure. La partie inférieure des montants sera enclavée dans le carrelage et la partie supérieure attachée contre les chevrons du plafond. Les tablettes seront en bois ou en roseaux, en cannes fendues ou enlacées; ces dernières sont préférables, parce qu'elles donnent passage à l'air et qu'elles sont plus économiques; mais de quelque nature qu'elles soient, il faut les nettoyer tous les jours.

(1) Les améliorations, ou plutôt la transformation presque complète apportée à l'industrie du chauffage, ont généralement modifié ce système : un calorifère central a remplacé les poêles indiqués par Latreille dans presque toutes les magnaneries un peu importantes, et quelques-unes d'entre elles sont chauffées par la vapeur d'eau circulant dans les tuyaux. Toutefois, dans les campagnes, on se sert encore de poêles et même de bassines, dites *braseros* ou *braisières*.

Les clayons sont de petites corbeilles de 24 à 30 pouces (70 à 80 centimètres) de longueur sur 12 à 15 de largeur, qui servent non seulement à transporter les vers, mais encore à les contenir jusqu'à leur première mue.

Les échelles sont utiles pour atteindre aux tablettes supérieures.

Les thermomètres sont d'une nécessité absolue pour connaître la température de l'atelier.

Comme les jeunes vers ne peuvent se nourrir que de feuilles tendres, on a soin de faire éclore les œufs dans le temps que le mûrier commence à donner des feuilles ; pour cela, on les place à l'infirmerie. Les vers y restent dans les clayères jusqu'après leur première mue, et ne sont portés qu'alors dans l'atelier.

Les mûriers dont les feuilles conviennent le mieux aux vers sont ceux qui croissent dans les terrains secs, pierreux et élevés... Leurs feuilles sont plus savoureuses que celles des mûriers qui viennent dans un terrain gras et humide.

L'air vicié, respiré par les vers, n'est pas la seule cause de leurs maladies : les feuilles leur en occasionnent aussi ; celles qui sont mouillées leur sont si funestes que quelquefois elles les tuent. M. l'abbé de Sauvage a vu des vers mourir empoisonnés pour avoir mangé des feuilles arrosées avec de certaines eaux de pluie, tandis que certaines eaux de pluie ne leur faisaient aucun mal. Comme il n'est pas facile de distinguer dans quel cas cette eau leur est nuisible, il importe d'avoir soin de ne leur donner que des feuilles bien sèches.

Quand la saison n'est pas humide, on peut se contenter de laisser les feuilles nouvellement cueillies dans la pièce du rez-de-chaussée; mais quand on a à craindre l'humidité, il convient, dès qu'elles arrivent des champs, de les transporter à l'étage supérieur, de les y étendre, d'allumer dans cette pièce un feu vif et clair pour chasser l'humidité de l'atmosphère et la transpiration des feuilles, avant de les donner aux vers.

La bonne graine doit avoir une couleur d'un gris foncé ardoisé; celle qui est jaunâtre n'a pas été fécondée. Autrefois 1 once (30 grammes) de graine produisait 80 ou 100 livres (40 à 50 kilogrammes) de cocons, dont 10 livres (5 kilogrammes) ou 12 au plus donnaient une livre de soie. Mais depuis un certain temps, à peine a-t-on 30 ou 40 livres de cocons d'une livre de graine, et il faut 15 ou 16 livres de cocons pour une livre de soie. Cette différence provient en partie du mauvais choix de la graine.

On fait éclore la graine de différentes manières, ou par art, ou spontanément avec un petit secours de l'art.

Dans les climats qui ne sont pas très chauds, tels que le midi de la France, la méthode la plus usitée dans les campagnes consiste d'abord à envelopper les graines dans des sachets, et à suspendre chaque sachet dans une poche de toile ou de coton blanche de lessive. Des femmes, pendant le jour, placent les poches entre leur chemise et leur jupe, et pendant la nuit elles les mettent dans leur lit; elles continuent à les porter jusqu'à ce que les œufs soient éclos.

L'incubation spontanée a lieu par le seul effet de la chaleur de l'atmosphère : cette méthode est la meilleure dans les pays où on ne craint pas que le retour du froid empêche les mûriers de pousser leurs feuilles à temps pour nourrir les jeunes vers ; mais il y a peu de climats en France qui jouissent de cet avantage, et, même dans le Midi, les vers qui éclosent de cette manière réussissent rarement.

Pour faire éclore des œufs dans l'infirmerie, on les place dans des boîtes ou sur des claies légères, entre deux papiers. Le premier jour, on leur donne une chaleur de 8 à 10 degrés ; le second, une de 10 à 12, et les jours suivants de 15 à 18. Aussitôt qu'on s'aperçoit que la graine change de couleur, que les œufs sont sur le point d'éclore, on met sur chaque boîte une feuille de papier criblée de petits trous, et on place sur le papier des feuilles tendres et fraîches, sans être humides. On a soin de mettre dans une boîte séparée tous les vers qui éclosent dans une journée, et on numérote la boîte. Pour faire muer tous les vers le même jour, on commence par donner des feuilles à ceux qui sont éclos les derniers et ainsi de suite jusqu'à ceux qui sont éclos les premiers ; par ce moyen, lorsque la couvée a bien réussi, il est rare qu'ils ne muent pas tous le même jour.

La chaleur indiquée par Réaumur pour les vers à soie est de 16° R. (20° centigrades), mais on peut leur en donner dix-huit et même beaucoup plus sans craindre qu'ils ne souffrent. M. de Sauvage a éprouvé, au contraire, que ceux qu'il a échauffés jusqu'à 25 ou 26° ont réussi mieux que les autres.

II

MALADIES DES VERS A SOIE

Les vers à soie sont sujets à plusieurs maladies; celle qu'on appelle la *rouge* commence au moment où le ver sort de l'œuf; le ver qui en est atteint vit languissant jusqu'au moment de faire sa coque qu'il fait tant bien que mal, mais il ne se change pas en nymphe. Cette maladie doit son origine à deux causes : la première, c'est que l'œuf a éprouvé une chaleur trop forte pendant son incubation; la seconde est le passage subit du froid au chaud. Lorsque la couvée est atteinte de cette maladie on n'en doit rien espérer.

La maladie qu'on nomme des *vaches*, ou *gras*, ou *jaune* est mortelle; elle se manifeste ordinairement à la seconde mue; elle est rare aux suivantes et encore plus à la quatrième; elle est occasionnée par l'air méphytique exhalé par des corps en putréfaction. Dès qu'on s'aperçoit que quelques vers en sont attaqués, de crainte que la maladie ne se communique aux autres, il faut les enlever et les porter à l'infirmerie où le changement d'air peut les remettre, si la maladie a fait encore peu de progrès.

Quant à ceux qui ne donnent aucune espérance, il faut les enterrer assez profondément pour que les poules ne puissent les manger, car elles pourraient en être empoisonnées.

Les *morts blancs* ou *tripés*. Les vers attaqués de cette maladie meurent subitement, et conservent après leur mort un air de fraîcheur et de bonne santé auquel il ne faut pas se laisser prendre. Cette maladie est occasionnée par l'impureté de l'air qui règne dans l'atelier, quand les feuilles sur lesquelles sont les vers se trouvent trop entassées, et que la chaleur de l'atmosphère est assez forte pour les faire fermenter. On préviendra le mal en fermant exactement toutes les fenêtres, à l'exception d'une ou deux qu'on laissera ouvertes du côté du nord, en ouvrant les trappes qui sont entre le plafond de l'atelier et l'étage supérieur, et en arrosant les carreaux plusieurs fois dans la journée. L'eau absorbera la surabondance de l'électricité atmosphérique. Ces précautions sont très utiles en temps d'orage.

Les magnaniers désignent sous le nom de *touffe* une chaleur trop forte, soit qu'elle soit produite par le feu qu'on fait dans l'atelier, soit qu'elle vienne du dehors, comme celle qui précède et accompagne un orage, par un temps calme. La touffe est le fléau le plus à redouter pour les vers à soie dans leur dernier âge ; elle les fait périr tous si elle subsiste longtemps.

Les *harpions* ou *passis*. Cette maladie diffère peu de la *rouge*. Les vers malades deviennent jaunâtres ; ils sont effilés, mangent peu et languissent. On les porte à l'infirmerie et on les traite comme ceux attaqués de la *rouge*.

Des points noirs répandus sur différents endroits du corps, ou des taches livides et noirâtres, affectant particulièrement les régions des stygmates et qui sont suivis d'une teinte, tantôt d'un jaune d'ocre, tantôt d'un rougeâtre cannelle, sont les précurseurs de la maladie dite *muscardine*, inconnue à ce qu'il paraît dans les temps où l'éducation du vers à soie était moins répandue. Le corps bientôt après se dessèche et se couvre d'une moisissure cotonneuse et farineuse d'un blanc de neige, qui lui donne quelque resemblance à cet égard avec une confiture sèche désignée de la même manière. Le ver devient une sorte de momie qui n'a point la mauvaise odeur de celui qui est mort de la *grasserce* ou de la *jaunisse*. Cette maladie qui n'est point contagieuse, dépend, paraît-il d'une chaleur humide, étouffée et probablement mêlée d'exhalaisons pernicieuses. Le cultivateur attentif s'en préservera en surveillant les vicissitudes de l'atmosphère, la température de l'atelier et en employant les moyens indiqués en parlant des *morts blancs* ou *tripés*.

La *luzette*, ou *luisette*, ou *claiverie*. Peu de vers sont sujets à cette maladie qui se manifeste après les mues, ordinairement après la quatrième. Elle est attribuée à quelque défaut dans la couvée, ou à quelque difficulté dans la ponte. On distingue les vers malades par leur couleur, ils deviennent d'un rouge clair et ensuite d'un blanc sale, ont le corps transparent et laissent tomber par leurs filières, une goutte d'eau visqueuse. Comme ces vers consomment autant de feuilles que les autres et qu'ils ne font jamais de coque, dès qu'on en aperçoit de malades, il faut les jeter.

Les *dragées*. On appelle *dragée* un cocon qui

renferme le ver, blanc, raccourci et qui n'a pû se changer en nymphe. Personne n'a pu encore désigner la cause de cette espèce de maladie, car s'en est une puisque le ver ne peut devenir insecte parfait. On trouve des couvées entières dont presque tous les cocons sont *dragées*; mais cette maladie n'est pas préjudiciable parce que le ver a fait son cocon et que la soie en est d'une aussi belle qualité que celle des autres.

Les feuilles de mûrier qui ont une sécrétion gommeuse un peu acre, occasionnent aux vers qui les mangent des purgations qui les rendent faibles et languissants. Si cette sécrétion est abondante sur les feuilles, elle s'oppose à la transpiration des vers, et, au moment de la mue, ils sont si faibles qu'ils ne peuvent quitter leur peau. Dès qu'on s'aperçoit que les excréments des vers sont liquides, il faut renouveler l'air de l'atelier, changer la litière, laver les feuilles qu'on a en provision, à grande eau, pour dissoudre et entraîner le mielleux qui les couvre, les étendre ensuite à l'ombre sur des toiles et enfin les étaler dans le grenier pour les faire sècher avant de les donner aux vers.

Mais ces feuilles n'ayant jamais la qualité des autres, on leur en donne le moins possible.

Il paraît, d'après les observations de quelques savants chimistes qui se sont occupés spécialement des maladies des vers à soie (1), que des fumigations d'acide muriatique oxigéné combattent, avec un grand avantage les miasmes délétères qui

(1) *Voir*, plus loin, la biographie de M. Pasteur.

infestent trop souvent les ateliers, où ils propagent la contagion; ces mêmes savants assurent que, loin d'être affectés par ces fumigations, les vers à soie en retirent une augmentation de sources vitales assez notable pour que la production de la soie devienne plus considérable.

Toutefois nous devons faire remarquer qu'il est des maladies, telle que la muscardine, contre laquelle ce moyen est employé sans succès.

III

SUITE DE L'ÉDUCATION DU VER A SOIE.

Les vers exigent des soins particuliers selon leur âge.

Dès qu'ils sortent de l'œuf, ils cherchent à manger.

Un ver bien portant mange dans la première journée une quantité de feuilles dont le poids égale celui de son corps.

Dans les premiers jours qui suivent leur éclosion, les vers, ainsi que nous l'avons dit, ont besoin de feuilles très tendres, encore certains auteurs conseillent-ils de couper ces feuilles afin que les morceaux puissent offrir aux jeunes insectes plus de rebords. C'est toujours, en effet, sur les bords que les chenilles entament les feuilles. Il importe encore de multiplier suffisamment les repas.

Par exemple, dans une éducation qu'on hâte par une température de vingt-six à vingt-huit degrés (Réaumur), la distribution des feuilles doit avoir lieu de deux heures en deux heures, pendant les deux premiers jours, après lesquels les distributions sont réduites à six jusqu'à la fin de l'éducation.

L'appétit du ver augmente environ vingt-quatre heures avant la première mue. On appelle cette disposition à manger *petite frèze.* A la seconde mue elle dure trente-six heures; à la troisième, quarante-huit; à la dernière, soixante.

A cette époque on donne un repas de plus et une plus grande quantité de feuilles.

Pendant la mue, une trop forte chaleur fatigue les vers; le degré le plus favorable est de 18° à 20° R. (23° à 25° centigrades). Les bonnes mues ne doivent durer que de trente à trente-six heures; on reconnaît qu'une mue a été bonne lorsque les vers s'agitent avec vivacité quand on souffle légèrement sur eux, lorsqu'ils se jettent avec avidité sur les feuilles et qu'ils sont égaux en épaisseur et en longueur.

On appelle *déliter*, l'opération qui consiste à ôter les vers de dessus la litière formée par les débris des feuilles et par leurs excréments. Cette opération est nécessaire pour la salubrité de l'air et il faut la renouveler le plus souvent possible. La manière la plus simple est, quand on a donné des feuilles fraîches aux vers et qu'ils se sont portés dessus, d'enlever les feuilles par leurs pétioles et de les placer sur d'autres claies jusqu'à ce qu'on ait nettoyé celles où étaient les vers. Dans les bonnes éducations on *délite* une ou deux fois, selon le besoin, d'une mue à l'autre pendant les deux premiers âges.

Depuis la fin de la première mue jusqu'à la fin de la seconde, les vers exigent à peu près les mêmes soins. Comme ils n'occupent pas beaucoup de place, on peut les garder dans l'infirmerie, mais après la troisième mue on les porte dans l'atelier, sur les tablettes, et on tâche de les égaliser, c'est-à-dire de mettre ensemble ceux qui ont mué en même temps.

L'étendue de la surface des tablettes doit être proportionnée à la quantité de vers; ceux qui proviennent d'une once (30 grammes) de graine doivent par la suite, lorsque l'éducation a réussi, occuper un espace de 60 pieds carrés et plus ils seront au large mieux ils viendront.

Depuis la fin de la troisième jusqu'à la fin de la quatrième mue, les vers exigent une grande propreté, parce que, mangeant beaucoup, ils salissent en proportion. En sortant de cette troisième mue, ils ont vingt à vingt-deux lignes de longueur; ils paraissent un peu couleur de *chair*; mais ils s'éclaircissent deux ou trois jours après et entrent dans la *grande frèze* ou *briffe* : c'est ainsi qu'on appelle la faim dévorante qui se manifeste le second jour après cette mue.

Cette faim des vers est en proportion de la chaleur qu'ils éprouvent.

Si dans l'atelier la température est maintenue à vingt-cinq degrés (Réaumur) ils se hâteront de manger, resteront un jour ou deux de moins à la briffe, et leur cocons seront minces, peu soyeux, parce qu'il leur faut un certain temps pour préparer leur matière à soie.

Ainsi plus la briffe se prolonge, meilleur est le cocon.

La durée de la briffe ne doit cependant être que de six à sept jours, de huit au plus : on l'allonge en donnant de l'air frais à l'atelier, et en y jetant de l'eau si la chaleur de l'atmosphère est forte ; par ce moyen on prévient la touffe, cette maladie étant occasionnée par l'excessive chaleur de l'air extérieur, qui vicie celui de l'atelier.

Il faut alors avoir recours aux procédés indiqués pour le renouveler.

On pourra encore le purifier par le moyen suivant: dans un plat de terre, bien vernissé, on jettera une poignée de nitre ou salpêtre et avec un charbon allumé on y mettra le feu; la déflagration du nitre donnera beaucoup d'air pur qui corrigera celui de l'atmosphère et le rendra propre à être respiré.

Une autre méthode est celle de plonger, par poignée, les vers dans l'eau froide pendant quelques moment; mais elle est longue et fatigante.

En général toutes les fois qu'on peut renouveler l'air promptement et avec facilité, qu'on tient les vers avec propreté, qu'on ne les laisse pas sur des matières échauffées, on ne doit point craindre cette maladie.

Sur les derniers jours de la briffe, le ver a 36 à 42 lignes de longueur ; sa couleur devient claire et transparente ; sa grande faim est passée et il se vide de ses excréments. Dans cet état, il court de côté et d'autre ; si on ne le surveille pas, il grimpe le long des montants où il cherche à faire son cocon.

IV

LA MONTÉE

Pour faire coconner les vers à soie, on se sert généralement de bruyères, mais on peut employer également toute sorte d'arbrisseaux, même des pieds de lavande et de chiendent.

Mais, de quelque espèce que soient les rameaux dont on veut se servir, il faut qu'ils soient bien secs et dépouillés de feuilles.

La meilleure manière de les placer pour recevoir les vers est d'en faire des cabanes ou des voûtes sur les tablettes. On dispose les rameaux en petits paquets et on les place les uns auprès des autres, en appuyant le pied sur la tablette inférieure, et en pliant le sommet en forme de demi-cercle, au-dessous de la tablette supérieure, comme si on voulait la soutenir ; le côté opposé étant garni de même, l'ensemble forme une voûte qu'on nomme *cabane*.

Les rameaux formant la voûte seront espacés de manière que les vers puissent pénétrer sans peine entre les brins. On ne doit porter à la cabane que les vers disposés à faire leur cocon et ne pas les laisser errer longtemps sur les tables, parce qu'ils perdent beaucoup de soie en cherchant à s'amuser, deviennent incapables de faire des cocons, et quelquefois se changent en nymphes avant de les commencer.

L'opinion commune est que les vers, avant la *montée*, terme dont on se sert pour dire qu'ils font leur cocon, peuvent être tellement affectés par le bruit du tonnerre ou par celui des coups de fusil, qu'ils se laissent tomber, mais il est démontré, par des expériences que Thomé a faites, que le bruit ne nuit en rien à ces insectes.

On ne *dérame* ou *décoconne*, c'est-à-dire qu'on n'enlève la bruyère des tablettes que quatre jours après celui où le ver à commencé à travailler, parce qu'il lui faut ce temps pour achever son ouvrage.

Lorsqu'on détache le cocon, on doit avoir soin d'enlever la première bave qu'on nomme *bourre* afin de ne pas déparer la soie qui n'offrirait pas un coup d'œil favorable à l'acheteur.

Il serait avantageux de filer les cocons aussitôt qu'ils sont enlevés des rameaux. La soie en serait plus belle, mieux lustrée; le brin plus fort et plus facile à tirer; mais cela n'est pas praticable par la difficulté de réunir des fileuses en assez grand nombre.

On peut retarder la naissance des bombyx en laissant les cocons dans un endroit qui soit frais sans être humide; mais malgré cette précaution ils les percent au bout d'un mois et souvent plus tôt. Il importe donc pour conserver plus longtemps le cocon tout entier de faire mourir la nymphe qui y est enfermée. Cette opération qu'on appelle *étouffer les cocons* se fait, soit en les mettant au four dans des paniers recouverts de linge, soit en les plongeant dans de l'eau bouillante ; cette dernière méthode n'altère pas autant la qualité de la soie que la chaleur du four qui dessèche trop le fil et surtout la partie gommeuse à laquelle la soie doit son lustre (1).

Avant de faire filer les cocons ou de les étouffer, il faut choisir ceux dont on a besoin pour avoir de la graine l'année suivante. Dans ce choix, il faut toujours prendre ceux des tables dont les vers ont été les plus hâtifs à monter. Cette promptitude à coconner étant une preuve qu'ils ont joui d'une bonne santé pendant tout le cours de leur éducation est une présomption favorable pour la génération qu'ils donneront.

Lorsqu'on a fait son choix, on enfile les cocons en forme de chapelets en ayant soin de ne pas faire entrer le fil dans l'intérieur, et on suspend les chapelets à des perches ou à des clous enfoncés dans le mur ; il faut 15 à 20 jours à le nymphe pour devenir insecte parfait. Dès que la bombyx commence à sortir du cocon, et ce sont toujours les mâles qui paraissent les premiers, on les enlève et on place

(1) On a généralement renoncé aux deux méthodes d'étouffement indiquées par Latreille. Quand ce n'est pas en exposant les cocons à l'odeur forte et pénétrante du camphre qu'on fait périr la nymphe qu'ils renferment, on a recours à l'étouffage à la vapeur, lequel est moins coûteux et donne presque toujours des résultats satisfaisants : il suffit de placer les cocons sur un tamis de toile métallique, et de suspendre ce tamis dans une chaudière fermée et remplie à moitié d'eau bouillante.

une femelle sur une table qu'on a garnie d'un morceau d'étoffe, puis on met un mâle à côté d'elle; on continue ainsi sur la même ligne et on forme autant de lignes que la table peut en contenir.

La ponte a lieu de 10 à 20 heures plus tard.

Lorsque toutes les femelles ont fini leur ponte, on les jette aux poules qui en sont très friandes (1). On laisse les morceaux d'étoffe, sur lesquelles la graine est collée, attachés au mur pendant une quinzaine de jours, si l'endroit n'est pas trop chaud; autrement il serait nécessaire de les placer dans un endroit frais, afin de ne pas hâter le développement de germes qui, sans être suivis de la naissance du ver lui nuisent considérablement. D'autre part, il faut craindre la gelée qui détruirait le germe, et avoir soin de garantir les graines du froid pendant l'hiver et de la tenir à une température égale.

Quand le temps de la couvée approche, on la détache de l'étoffe sur laquelle on l'a laissée collée et on la fait éclore comme il a été dit (2).

(1) La chrysalide, après avoir été entièrement dépouillée de la matière soyeuse qui l'entoure, peut encore être employée comme un excellent engrais; mais il faut avoir soin de la mélanger à d'autres matières. Employée seule, elle communiquerait un goût très désagréable aux produits du sol qui l'aurait reçue.

Les Chinois qui n'ont pas, on le sait, les mêmes goûts,— peut-être devrions-nous dire les mêmes préjugés, — que nous en matière d'alimentation, l'utilisent pour nourrir les hommes et la volaille. Ils s'en servent également pour des préparations pharmaceutiques.

(2) Une méthode plus récente conseille de retirer, immédiatement après la ponte, la graine collée aux morceaux d'étoffe,

V

CHOIX DES MURIERS

Les deux espèces de mûriers que l'on cultive en France, le blanc et le noir, sont également propres à la nourriture des vers à soie. Plusieurs auteurs cependant croient que la feuille du mûrier noir produit une soie plus forte, plus aisée au dévidage et d'un emploi plus facile que celle donnée par la feuille du mûrier blanc. Celle-ci est plus brillante et plus fine ; mais la culture de la dernière espèce de mûrier est sujette à moins de difficultés que celle de l'autre.

En général, il ne faut point changer la nourriture de ces insectes. Ceux qui sont délicats et qui ont été accoutumés à manger des feuilles de mûrier blanc, auraient de la peine à digérer celles du mûrier noir, qui sont moins tendres.

Un savant italien m'a assuré qu'un cultivateur du Piémont, ayant jeté dans un champ ensemencé de blé de Turquie une assez grande quantité de vers

après quoi « on fait tremper ces œufs, nouvellement pondus, dans de l'eau de puits ou de citerne pendant six minutes ; on les lave ; on rejette ceux qui surnagent, on met les autres à sécher, puis on les enferme dans des boîtes de carton ou de bois léger que l'on tient au sec et à une température suffisamment élevée et égale. »

à soie qu'il ne pouvait nourrir, fut fort surpris de trouver, au bout de quelque temps, les bombyx dans leurs cocons. Ils s'étaient nourris de la feuille de maïs. On devrait profiter de cette observation (1).

Depuis que Latreille traçait ce rapide et complet traité de l'éducation du ver à soie, les variétés des races de ces insectes, produites par la domesticité, se sont multipliées.

(1) Les recherches indiquées ici par Latreille ont été faites et n'ont pas porté seulement sur le maïs. Des savants, des agriculteurs, des industriels se sont efforcés de trouver une succédanée à la feuille du mûrier. « On s'est adressé d'abord à des végétaux ayant avec cette feuille des affinités de forme et d'organisation, estimant que les propriétés devaient, dans ces conditions, être les mêmes, ou du moins s'en rapprocher à fort peu de choses près ; on s'est trompé : l'ortie, le figuier, le houblon, le chanvre, la pariétaire, etc., qui sont de la même famille, pas plus que l'orme, le tilleul, le platane, la vigne, le vinettier, le lycéet, le framboisier et la ronce ne profitent point au précieux insecte. Dans les Vosges et quelques localités du Midi, nous avons vu réussir l'emploi de la scorsonère, tandis qu'ailleurs, on perdait les deux tiers des vers auxquels on la donnait, ou bien s'ils ne périssaient pas, les cocons étaient faibles. Partout où on a cru augmenter ses ressources en saupoudrant de farine de riz une provision insuffisante de feuilles de mûrier, on s'est trouvé avoir pris une peine et fait une dépense inutile, puisque cette farine s'est retrouvée en presque totalité dans la litière. Le maïs qui, assure-t-on, a réussi une fois par un pur hasard, n'a donné aux essais qui en ont été faits aucun résultat ; les feuilles de châtaignier, que quelques vers semblent bien accueillir, les tuent le quatrième jour de leur usage. En un mot, *sans mûrier, point de ver à soie*. Et parmi les espèces de ce genre d'arbres, les espèces réputées maintenant les plus avantageuses sont l'italique, celle à feuilles profondément découpées, la multicaule et les diverses variétés du mûrier blanc. »

Les plus répandues aujourd'hui en France sont la *race commune* à cocons jaune nankin, et la *race sina* à cocons d'un blanc pur.

Cette dernière race s'est tellement propagée dans nos magnaneries que presque toujours elle est croisée avec la race commune au profit de celle-ci ; de sorte que quand on fait éclore des œufs de la race commune on récolte presque autant de cocons blancs que de cocons jaunes.

« En Italie, on fait un cas particulier de la race à trois mues, dont la soie est à la fois très forte et très fine (1). »

Nous avons répété cet axiome universellement accepté aujourd'hui : *sans mûrier point de vers à soie.* »

Si cette vérité ne souffre point de contradiction en ce qui touche au bombyx qui nous donne les riches produits dont nous avons entrepris de raconter l'histoire, il est d'autres insectes également fileurs de soie que depuis quelques années on s'efforce d'acclimater en Europe.

L'un, le *bombyx mylita*, vit sur la feuille du chêne ; l'autre, le *bombyx cynthia*, sur la feuille de l'aylante ou vernis du Japon (2).

(1) A l'exception de cette race, toutes les autres changent, ainsi que nous l'avons dit plus haut, quatre fois de peau.

(2) L'aylante glanduleux, ou vernis du Japon, est surtout recherché comme arbre d'ornement pour les avenues et les bosquets. A Paris, il est employé comme arbre d'alignement au bord des voies publiques. Tous les terrains lui conviennent, mais il prospère surtout dans un sol frais et léger Peu de plantes se multiplient aussi rapidement et par des

Il résulte des expériences faites jusqu'à ce jour que les vers *cynthia* peuvent s'élever en plein air et presque sans frais de main d'œuvre; qu'ils peuvent donner deux récoltes par an sous le climat de Paris et du nord de la France ; que la matière textile fournie par les cocons est une *bourre de soie* qui tient le milieu entre la laine et la soie du murier ; enfin, que la culture de l'aylanthe est facile, même dans les terrains les plus ingrats.

« Le ver *mylitta* fournit une soie grossière mais solide et très abondante ; le papillon, très volumineux ne perce pas son cocon pour sortir comme celui du murier ; il en écarte les fils pour s'ouvrir un passage, de sorte que les cocons, desquels les papillons sont sortis, ont, dans cette espèce, autant de valeur que les autres. Mais le mylitta est d'une tempérament délicat, très sensible au moindre refroidissement et difficile à élever (1).

En dehors du bombyx, il est plusieurs espèces d'araignées fileuses dont on a essayé de tirer partie pour la production de la soie. Nous ne nous étendrons pas sur ce sujet, les tentatives faites jusqu'à ce jour n'ayant pas donné de résultats pratiques.

moyens plus faciles : le semis des graines, les drageons si nombreux qu'ils en deviennent rapidement incommodes, des tronçons de racines qu'on coupe à la longueur de quelques centimètres et qu'on enterre dans des rigoles à fleur de terre, produisent des sujets dont la croissance est également rapide. Dans un bon sol, en peu d'années, l'aylante atteint 20 mètres de hauteur; son bois blanc satiné est susceptible d'un aussi beau poli que celui de l'érable.

(1) Belèze. *Dictionnaire universel de la vie pratique.*

Une seule espèce de soie, autre que celle fournie par le bombyx du mûrier blanc, nous occupera quelques instants : nous voulons parler de la *soie* dite *végétale.*

Encore ne lui accorderons-nous une mention spéciale que parce qu'elle fut découverte et mise en œuvre, pour la première fois, par le père de la production chez nous de la soie du bombyx, par le promoteur heureux de la culture du mûrier, en un mot par l'illustre patriarche de l'agriculture en France, par Olivier de Serres (1).

(1) Voir, plus loin, la biographie d'Olivier de Serres.

DU MOULINAGE DE LA SOIE

La partie agricole, si l'on peut ainsi parler de l'industrie de la soie, a, pour dernière opération, l'étouffement de la chrysalide dans le cocon.

A partir de ce moment, le cocon devient un objet de commerce ; il passe entre les mains du moulinier qui lui fera subir les dernières opérations nécessaires pour rendre la soie propre à passer entre les mains du teinturier, d'où elle ira se transformer chez le fabricant de tissus en ces belles et riches étoffes, qu'en tout temps on a considérées comme sans rivales.

La soie, étant filée par l'industrieux insecte qui nous la fournit, n'a pas besoin, comme la laine et les matières textiles, d'être cardée et filée ; les établissements où on la met en œuvre ne sauraient donc porter le nom de filature, lequel a été remplacé par celui de *moulinage*.

On appelle *moulinier* le directeur de cet établissement.

Le moulinage comprend le battage, le dévidage, le décreusage, etc.

Le moulinier doit se préoccuper, avant tout, de tirer des cocons qu'il a à mettre en œuvre trois sortes de soies, connues sous les noms d'*organsin*, de *trame* et de *poil*.

Il divise, en conséquence, le produit des cocons selon leur qualité.

L'organsin, qui est destiné à former la chaîne des étoffes de soie sera demandé à la première qualité, on le formera de 3 à 8 brins.

La soie de seconde qualité donnera la trame dont le fil, bien moins tordu que celui de la chaîne, sera formé de dix à vingt brins.

Enfin, pour le poil, seront utilisées toutes les espèces de soies inférieures. La torsion sera à peu près la même que pour la trame.

Ces principales divisions posées, passons à l'examen des diverses opérations qui constituent le moulinage.

I

BATTAGE ET DÉVIDAGE

Nous avons accompagné le sériciculteur dans toutes les opérations de son art. Ses vers ont été soigneusement triés selon leur couleur et leur qualité ; ils ont été étouffés dans les cocons, lesquels attendent la première manipulation qui rendra la soie propre à l'industrie.

Cette manipulation est le *battage*.

Ce battage a pour but de faciliter l'opération qui consiste à saisir le fil continu que l'on nomme bout ou fil grège, en débarrassant les cocons de la *bourre* ou *frison* qui garnit leur surface et qui provient de l'espèce de canevas grossier que l'insecte, au moment où il commence à filer sa coque, établit autour de lui pour se procurer les points d'appui qui lui sont nécessaires.

« L'opération par laquelle on dégage le frison est ce qu'on appelle le *battage*, et celle par laquelle on l'enlève se nomme la *purge*. Il faut que la purge soit complète pour que tous les bouts rompus de la surface soient enlevés ; mais il importe cependant que cette opération ne soit pas poussée trop loin.

« La bourre détachée des cocons varie de 18 à 30 0/0 du poids de la soie ; or, la valeur de la bourre étant beaucoup moindre que celle de la soie, la meilleure purge est celle qui, en disposant le cocon à être facilement et complètement dévidé, donne la plus petite quantité possible de bourre, tout en conservant à la soie grège sa perfection.

« La purge se fait en plongeant à l'avance une certaine quantité de cocons, ordinairement une poignée, dans une bassine d'eau bouillante. On les agite ensuite avec un balai en bouleau, en bruyère ou en chiendent, jusqu'au moment où les brins de soie, détachés par ce mouvement, s'accrochent aux branches du balai.

« L'ouvrière chargée de l'opération retire alors le balai ; puis elle saisit tous les brins que le balai a démêlés et les dispose sur les bords de la bassine.

« Après la purge, la bourre est mise de côté pour être travaillée d'une manière spéciale, et l'on commence immédiatement le *tirage* des cocons dans l'eau des bassines, chauffée à 80 ou 90°, soit à feu nu, soit à la vapeur.

« Le battage, la purge et le tirage des cocons ayant lieu dans la même eau, cette eau se salit bientôt et a besoin d'être renouvelée pour que la soie ne s'y abîme pas.

« Il faut, en moyenne, que ce renouvellement ait lieu quatre fois par jour.

« Les *tours* ou machines à tirer la soie ont été depuis un siècle l'objet de constantes recherches.

« L'Italie, qui trouve dans la production des cocons une de ses plus grandes ressources, s'est le plus ardemment préoccupée de ces recherches; aussi les tours à soie employés en France sont-ils généralement aujourd'hui, sauf quelques modifications, les mêmes que ceux employés en Piémont.

« Ces machines se composent ordinairement : 1° d'une bassine à eau chaude pour recevoir les cocons; 2° d'une filière pour livrer passage aux brins de soie destinés à former le fil grège ; 3° d'un appareil croiseur pour mener le fil de manière à l'arrondir, à en comprimer l'humidité et à faire bien adhérer les brins entre eux ; 4° d'un guide doué d'un mouvement alternatif, et qu'on nomme pour cette raison le *va-et-vient*. Il a pour but de faire croiser le fil sur le dévidoir, afin qu'il ne se colle pas en revenant sur lui-même, et de faciliter le dévidage ultérieur; 5° enfin, l'*asple* ou *dévidoir*, doué d'un mouvement de rotation continu et disposé pour recevoir la soie qui lui est amenée par le *va-et-vient.*

« La fileuse assise devant la bassine recueille tous les brins des cocons; elle en prend le nombre nécessaire pour former deux fils. Ce nombre varie depuis trois jusqu'à vingt, suivant la grosseur ou le titre qu'on doit donner à la soie grège.

« On ne dépasse guère le dernier nombre, qui est lui-même rarement atteint.

« L'ouvrière forme avec la quantité de brins nécessaires deux fils qu'elle fait passer dans les filières du tour ; puis elle croise les brins l'un sur l'autre ; elle les dirige dans les guides du va-et-vient et les porte enfin sur l'asple.

« Si la jonction des fils se fait irrégulièrement, il en résulte un défaut qu'on nomme *bouchon.*

« Si l'un des fils vient à casser, il se colle à l'autre et forme une solution de continuité qu'on nomme *mariage.* Il faut alors arrêter l'opération, enlever le mariage, rattacher les fils, les croiser ; en un mot, les mettre dans la position qu'ils occupaient avant la rupture.

« Le passage des fils à travers les filières et la croisure sont indispensables pour établir leur adhérence parfaite, pour les arrondir et leur donner une surface aussi lisse et une grosseur aussi égale que possible. »

Le plus ou moins de perfection du tour à tirer est de la plus haute importance : « Une disposition incommode des filières rendrait la réunion des brins difficile et multiplierait les inégalités ou bouchons dans le fil. La matière gommeuse et collante de la soie ayant été ramollie par l'eau chaude, les fils grèges se colleraient sur l'asple si le va-et-vient ne leur laissait le temps de se refroidir et de se sécher. Et si on ne les croisait pas comme nous l'avons dit, une torsion insuffisante n'arrondirait pas le fil et ne le sècherait pas au point voulu ; une trop grande torsion diminuerait sa force et son éclat.

« Le mouvement du va-et-vient doit donc être combiné, par rapport à celui de l'asple, de telle manière que le fil y arrive à peu près sec et que l'entrelacement des différentes couches de l'écheveau se prête facilement au dévidage ultérieur sans occasionner de déchets. »

Toutefois, et quel que soit le soin apporté au choix et à la construction du tour, il est bien établi dans l'industrie séricicole « *que la fileuse est tout et l'instrument peu de chose.* »

« Une ouvrière habile fera, en effet, plus vite et mieux avec un tour imparfait qu'une fileuse médiocre avec un tour excellent.

« Quelquefois la même ouvrière tourne la manivelle et surveille le travail; mais généralement l'impulsion est donnée au tour par une autre femme ou par un enfant. L'attention de la fileuse est ainsi plus complètement concentrée sur la bassine et les cocons. »

Les opérations que nous venons de décrire sont, en apparence, extrêmement simples ; mais, en réalité, « elles ont besoin, plus que beaucoup d'autres, du concours de l'intelligence et de celui d'instruments parfaitement raisonnés, parce que les mêmes cocons peuvent donner des produits plus ou moins parfaits, à des conditions plus ou moins avantageuses, selon que le tirage est plus ou moins bien fait.

Il importe donc que notre industrie séricicole ne reste pas stationnaire à cet égard, car elle se verrait bientôt dépasser par les industries étrangères dont les progrès peuvent faire prévoir une concurrence redoutable.

Or, la France ne peut maintenir sa supériorité dans cette spécialité que par l'amélioration des conditions économiques de toutes les parties qui concourent à la production de la soie, et le maintien de la perfection de ses produits. Si, dans quelques-unes, des perfectionnements sérieux ont été réalisés, il en est d'autres qui laissent encore un champ vaste ouvert au progrès.

« Le tirage de la soie est de ce nombre. La machine qui procurerait à l'industrie un accroissement dans la production rendrait un immense service au pays (1). »

Dans l'état actuel du travail, une bonne tireuse doit posséder une intelligence et une adresse qu'elle ne peut acquérir que par une longue pratique du métier, et en passant huit ou dix années dans les diverses places de tourneuse, d'aide et d'apprentie.

Alors elle parvient à connaître parfaitement les diverses qualités des soies, par le seul aspect des cocons.

Une femme exercée au tirage peut aisément, avec l'assistance d'un enfant pour tourner la roue et soi-

(1) *Dictionnaire des arts et manufactures*, 1877.

gner le feu, dévider par jour une livre de soie de bonne qualité.

Deux écheveaux, nous l'avons dit, sont dévidés à la fois sur le dévidoir ; quand ils sont finis, ils sont mis à l'ombre pour sécher, sans être retirés du dévidoir qui peut être facilement enlevé du bâti. Ces deux écheveaux seront, je suppose, le produit du travail du matin ; l'après-midi on emploiera un nouveau dévidoir pour dévider deux autres écheveaux qui seront mis à part comme ceux du matin, jusqu'à ce qu'ils soient assez secs pour être enlevés de dessus la roue.

Quand la soie est d'une qualité ordinaire, une personne peut dévider de quatre à six écheveaux.

L'écheveau ainsi achevé devient objet de commerce, ce qui est cause, au dommage, assure-t-on, de la perfection des soies françaises, que beaucoup de cultivateurs dévident eux-mêmes les cocons qu'ils ont récoltés, quoique souvent ils n'en aient pas vingt livres.

De là, la grande différence dans la mesure des dévidoirs et dans la finesse de la soie dont se plaignent nos manufacturiers et qui les portent à préférer, à nos soies françaises, les soies du Piémont, où une réglementation sévère et une surveillance active amènent une régularité de travail qu'il serait temps que nous imitions.

On ne verrait plus, par exemple, le prix de la main-d'œuvre fixé comme il arrive dans certaines localités, non d'après la qualité de la soie obtenue, mais d'après son poids, ce qui est cause que souvent on n'obtient d'une bonne matière qu'une soie grossière et mal dévidée qui, dans les préparations qu'elle aura à subir par la suite, occasionnera beaucoup d'ennui et de perte au manufacturier.

Il y a cependant des exceptions dans cette manière de conduire le dévidage en France.

Dans le Gard, principalement, les produits de certaines filatures sont considérés comme égalant les meilleures soies d'Italie.

L'Ardèche dévide, entre autres, une soie blanche très recherchée par les fabricants de dentelles de la Normandie.

II

DÉCREUSAGE

La soie grège, telle que la produit le tirage ou dévidage dont nous venons de donner la description, est recouverte d'un vernis qui lui donne en même temps de la raideur et une sorte d'élasticité. Or, une des premières conditions du tissage, auquel elle est destinée, est qu'elle soit à la fois flexible et résistante.

On lui communique ces deux dernières qualités en la dépouillant de son enduit naturel, enduit longtemps considéré comme une gomme.

Cette opération porte le nom de décreusage.

De nombreux procédés ont été présentés et essayés tour à tour pour le décreusage; aucun d'entre eux n'a jusqu'à présent prévalu sur l'ancienne méthode, qui consiste en une ébullition courte et rapide dans de l'eau de savon.

Le décreusage, selon ce système, se divise en trois opérations bien distinctes :

1° Le *Dégommage*, qui s'obtient au moyen d'un bain d'eau de savon tenu bien chaud sans cependant atteindre à l'ébullition, dans lequel sont plongés les écheveaux, enfilés au préalable sur des perches ou lissoir déposés horizontalement au-dessus de la chaudière.

« La partie immergée dans le bain se dégorge peu à peu, le vernis et la matière odorante se dissolvent et la soie prend la blancheur et la souplesse qui lui sont naturelles.

« Lorsqu'on en est arrivé à ce point, on tourne les écheveaux sur les lissoirs, de manière à ce que la partie primitivement hors du bain, y soit trempée à son tour; dès que le tout est parfaitement dégommé, on retire les écheveaux du bain, on les tord à la cheville, on les dresse et on procède à la cuite. »

2° *La cuite.*—Des sacs en canevas grossier, appelés *poches* dans lesquels on a placé 12 à 15 kil. de soie dégommée, sont plongés dans un bain semblable au précédent, sauf que les quantités de savon étant beaucoup moindres, on peut laisser l'eau chauffer jusqu'à ébullition sans craindre d'altérer la soie. On laisse bouillir ainsi pendant une heure et demie en ayant soin de remuer fréquemment de manière à ce qu'il n'y ait pas de sacs, qui par leur position au fond de la chaudière ou à sa surface, aient plus ou moins de cuisson que les autres.

« La soie perd dans ces deux opérations environ le quart de son poids. »

3° La *coloration*. — Cette dernière opération a pour but de donner à la soie une légère teinte qui en rende l'aspect plus agréable et l'approprie mieux aux usages auxquelles on la destine. — Cette nuance est de trois sortes et porte les désignations suivantes: le *blanc de chine* lequel a un léger reflet rougeâtre ; le *blanc azuré* et le *blanc de fil*.

« Pour produire ces diverses nuances on commence par préparer une eau de savon assez concentrée pour qu'elle devienne mousseuse par l'agitation ; on y ajoute ensuite, pour le blanc de chine, un peu de rocou que l'on mélange avec soin dans la liqueur ; on y passe la soie à plusieurs reprises s'il est nécessaire, jusqu'à ce qu'elle ait acquis la nuance désirée ; les autres blancs s'obtiennent en azurant plus ou moins la soie par l'addition d'une certaine quantité d'indigo dans l'eau de savon (1).

« Dans tous les cas, il faut, au sortir du bain, tordre la soie et l'étendre sur des perches pour la faire sécher.

« On la porte ensuite au soufroir, si elle est destinée à rester blanche. »

M. Salvetat termine l'article du *Dictionnaire des arts et manufactures* auquel nous avons emprunté ces détails par l'importante observation que nous croyons devoir reproduire.

(1) « A Lyon, on ne se sert pas de savon pour cette troisième opération. Après la *cuite*, on lave la soie, on la soufre et on l'azure dans de l'eau de source convenablement chargée de bleu. »

« Lorsque les soies ont été dévidées dans des eaux calcaires ou chargées de sels inorganiques, ces sels, peuvent se fixer sur la fibre et conduire à des accidents dans les opérations subséquentes auxquelles on soumet les soies, ou pour les cuire, ou pour les teindre.

« L'expérience prouve, en effet, que lorsque la soie mouillée laisse plus d'un gramme de cendre pour cent, cette soie prend un aspect terne au décreusage et qu'elle reçoit mal la teinture.

« Si l'on soupçonne avoir à traiter une soie de cette espèce, il faut commencer par la laver, avant de la décreuser, dans une eau légèrement acidulée d'acide chlorhydrique, puis dans une faible dissolution alcaline.

« On connaît à Lyon, sous le nom de soie Tussah, une soie d'une espèce particulière qui n'est importée que depuis 1846 et qui nous vient par voie d'Angleterre. D'un prix plus bas que celui des soies communes, elle est réservée pour des usages spéciaux à cause de sa résistance.

III

DIFFÉRENTES DÉSIGNATIONS DONNÉES A LA SOIE

Pour faire bien comprendre les différentes explications que nous avons à donner sur les diverses manipulations que subit la soie, entre le moment ou on la retire sous forme de fil simple, ténu et brillant du cocon jusqu'à celui où elle sera transformée en ces plus ou moins riches et précieuses étoffes, mais toujours élégantes et recherchées, dont le caprice de la mode et le bon goût des fabricants multiplient à l'infini les variétés, il nous reste, au risque d'avoir plus tard à nous répéter à faire connaître dès à présent les dénominations sous lesquelles la soie est désignée selon les qualités qui la distinguent, la phase de main-d'œuvre dans laquelle elle se trouve et l'usage auquel on la destine.

On appelle soie *grège*, *grèze* ou *grise*, celle qui n'a été soumise à aucune autre préparation que celle qui la détache du cocon.

La soie *crue* ou *écrue* a été tordue ou retordue par le moulinage, sans avoir passé dans aucun bain chaud.

La *soie cuite* a été bouillie pour en retirer la partie gommeuse.

La *soie décreusée* a subi la préparation à la teinture, appelée décreusage, qui consiste en bains bouillants et savonneux.

L'*organsin* est destiné à former la chaîne des étoffes.

La *chaîne* se compose de plusieurs fils tordus ensemble.

Le *poil* est moins tordu que l'organsin.

La *bourre de soie*, connue sous le nom de *filoselle* ou *fleuret*, provient de la partie grossière de la soie qui sert de première enveloppe au cocon.

Ces déchets, non plus que la bourrette et le frison qui forment les premières couches du cocon, ainsi que l'enveloppe mince qui reste autour de la chrysalide après le tirage, ne peuvent jamais être retirés par le tour et servir aux mêmes usages que la soie en fil continu. Ces déchets se présentent en masse pelotonnée et collée par la gomme de la soie ; pour en tirer parti, il faut procéder à leur dégommage, ce qui s'opère en général en les faisant macérer pendant un temps suffisant pour dissoudre la gomme.

« On procède ensuite à des pressages reitérés pour faire sortir l'eau gommée. Ensuite, la matière étant bien sèche, est préparée par des battages mécaniques qui sont suivis d'un peignage ou d'un cardage suivant le cas.

« Ces déchets ainsi préparés peuvent être filés comme le sont les matières textiles en général ; ce sont les fils résultant de ce travail qu'on connaît sous le nom de *bourre de soie* ou *fantaisie.* »

La fantaisie sert à la bonneterie et à la fabrication des foulards. Ces fils ont nécessairement une solidité moins grande que celle de la soie grège ; ils ont un aspect douteux qui nuit à leur éclat. Les divers travaux de préparation dont ils sont l'objet, généralement exécutés dans les maisons de détention à cause du bon marché de la main-d'œuvre, laissent beaucoup à désirer.

Il importerait cependant que ces matières fussent l'objet d'un travail sérieux et soigné.

« Cette question dont quelques industriels s'occupent, dit M. Alcan, dans l'article du *Journal des arts et des manufactures*, auquel nous empruntons la plupart des détails de cette partie de notre travail, mérite de fixer l'attention de tous les hommes compétents. Sa solution complète pourrait avoir une grande importance, non seulement parce qu'on parviendrait à utiliser un déchet précieux à notre propre industrie, mais aussi parce qu'on pourrait tirer un parti avantageux des déchets considérables de ce genre qui nous viennent des Indes, où ils sont embarqués pour lester les bâtiments et sont vendus ensuite à vil prix en Europe.

Nous devons faire observer, à l'honneur de la soie, que, par extension, son nom a été donné à des matières et à des objets qui n'ont rien de commun avec le précieux produit du bombyx, ou même avec celui des araignées fileuses.

Ainsi on appelle *soie* le poil des porcs et des sangliers dont on fait des brosses. On désigne sous le même nom la partie d'un sabre ou d'une épée qui entre dans la poignée et encore la partie d'un couteau, d'une lime, etc., qui entre dans le manche.

Enfin on a choisi ce mot pour compléter l'idée comparative d'une vie riche et heureuse : *couler des jours filés de soie et d'or.*

IV

QUALITÉS ET USAGES DIVERS DE LA SOIE (1)

Neuman prétend que peu de matières contiennent autant d'alcali volatil que la soie ; cette observation

(1) Nous empruntons ce paragraphe à l'excellent travail de M. Devilliers (Manuel Roret. — Manuel de la soierie).

est confirmée par Tournefort, qui a obtenu de quinze onces de soie deux drachmes de sel volatil.

Ce sel, appelé esprit de soie, rectifié dans une huile essentielle, forme le médicament si longtemps en vogue sous le nom de *gouttes d'Angleterre.*

On supposait au siècle dernier que l'alcali volatil obtenu de la soie était d'une nature différente que celui obtenu d'autres substances et devait, par suite, posséder des vertus particulières. Ainsi le sel de tartre et le sous-carbonate de potasse furent longtemps considérés et employés comme des substances différentes ; la science de la chimie n'avait pas encore appris à généraliser, et on ne comprenait pas qu'une même substance, par sa nature et ses propriétés, pût être obtenue de corps dissemblables.

Avant que les découvertes de la chimie eussent éclairé cette partie de la science, les médicaments vantés par les droguistes étaient innombrables et on leur attribuait à tous des vertus différentes. La chimie leur a fait perdre considérablement de leur crédit en révélant la belle simplicité des lois qui régissent la nature.

On prétend, et c'est cette croyance qui a amené et soutenu pendant près d'un demi-siècle la vogue des foulards de poche, on prétend, disons-nous, qu'un mouchoir de soie, d'un tissu ordinaire, a la propriété de mettre à l'abri des émanations nuisibles et de préserver des fièvres. Si on suppose que les matières pestilentielles sont aspirées par les poumons, cette efficacité s'explique.

Il est possible que le tissu de soie agisse physiquement comme mauvais conducteur et empêche le passage des substances délétères.

La soie, comme le papier, peut recevoir l'impression. On imprime sur soie en lithographie, en taille douce, en caractères mobiles et à la planche plate.

La soie était autrefois fréquemment employée à cet usage. Montfaucon cite plusieurs ouvrages écrits sur soie conservés dans différentes bibliothèques d'Italie et exécutés principalement dans les XIIIe et XIVe siècles.

Il existe dans la bibliothèque Chigia, à Rome, un manuscrit sur soie contenant tous les prophètes.

La bibliothèque de Sainte-Marie à Florence renferme tout le nouveau Testament sur soie, avec la liturgie et un court martyrologe.

Poncet, dans son Histoire de la droguerie, nous apprend que, de son temps, la soie était employée comme médicament en réduisant le cocon en poudre. Il donne de longues recettes pour séparer avec soin la chrysalide de la partie réputée médicinale et préparer cette poudre. Il affirme que la soie traitée ainsi a la vertu d'épurer le sang et de rendre l'esprit vif et joyeux.

Lémery, éditeur et commentateur de Poncet, ajoute que le ver à soie bien séché, réduit en poudre et appliqué sur la tête, rasée à l'effet de recevoir cet emplâtre, est très efficace contre les vertiges.

Si de ces recettes empyriques, dont il n'est du reste plus question dans la pharmacopée actuelle, nous passons aux qualités naturelles possédées par la soie, nous devons constater, en premier lieu, sa résistance aux causes générales de décomposition.

Sa durée, lorsque des causes accidentelles ne surviennent pas, est pour ainsi dire illimitée. Ainsi au commencement de notre siècle le sacristain de la paroisse de Falkirk, dans le Sterlingshire, trouva dans une tombe ouverte du cimetière, un ruban de soie entourant l'os d'un bras. Quand ce ruban eut été lavé, on reconnut qu'il était entier et parfaitement conservé bien qu'il fut resté huit cents ans au moins en contact avec un corps passé à l'état de putréfaction et réduit ensuite en poussière.

Une qualité plus incontestable encore de la soie est sa non conductibilité de l'électricité.

La constatation de cette qualité fut amenée par un de ces heureux hasards auxquels la science doit une grande partie de ses découvertes.

Vers 1750, quand les connaissances sur l'électricité étaient encore dans l'enfance, M. Grey, à la suite de plusieurs expériences, réussit à l'aide du frottement à conduire, perpendiculairement le fluide électrique dans un tube de verre à une distance de plusieurs pieds ; il employait un fil de fer pour communiquer avec une extrémité de ce tube, et, à l'autre se trouvait une bille d'ivoire.

Il voulut conduire l'électricité horizontalement mais son expérience manqua. Une ficelle suspendue au milieu de l'appartement pour soutenir son conducteur lui parut être la cause qui empêchait le fluide d'arriver à la bille d'ivoire.

Un de ses amis lui suggéra de supprimer la ficelle, ou du moins de la remplacer par un conducteur plus mince et la soie fut choisie comme offrant seule la ténuité et la solidité démandée.

Les deux amis firent la première expérience de cette modification dans une grande galerie garnie de paillassons. Ils établirent en travers une ligne dont les bouts étaient en ficelle et le centre en fil de soie ; ils accrochèrent chaque extrémité de cette ligne au mur de la galerie. La ligne conductrice avec une boule d'ivoire à son extrémité, reposait sur cette ligne horizontale ; elle avait huit pieds et demi de longueur (un peu moins de trois mètres), elle était attachée au tube électrique par un nœud coulant.

Les expérimentateurs eurent bientôt la satisfaction de reconnaître que, par le frottement, la bille d'ivoire attirait et repoussait les substances légères comme aurait pu le faire le tube même.

Ils contournèrent ensuite leur ligne de manière à lui donner une longueur de 147 pieds (environ 50 m.) et ils réussirent encore ; soupçonnant cependant que l'attraction du fluide électrique serait plus forte si leur ligne n'était pas contournée, ils la portèrent en ligne droite à une distance de 124 pieds (40 m. environ). L'attraction, comme ils l'avaient espéré, fut plus forte ; ils voulurent alors augmenter la longueur de la ligne et pensant que le fil de soie n'aurait plus une solidité suffisante, ils le remplacèrent par un fil de fer.

L'insuccès qui résulta de cette modification porta les deux savants à substituer au premier fil de fer, un fil du même métal mais plus mince. Ils ne réussirent pas mieux.

Il était évident que le refus de la soie à soutirer le fluide électrique ne provenait plus de la ténuité du fil employé, mais d'une propriété inhérente à sa matière.

Ils employèrent alors des cordes de soie plus grosses que les ficelles d'abord essayées et le courant électrique fut néanmoins conduit à des distances considérables, sans rien perdre de sa force.

La connaissance ainsi acquise de cette propriété de la soie fut promptement suivie de la découverte de la même vertu dans d'autres substances; ce fut le point de départ, et comme le fondement, des importantes découvertes qui se succédèrent bientôt sur les applications de l'électricité.

Juste huit ans après la découverte de Grey et de ses amis, en 1759, une circonstance bizarre engageait un physicien de l'époque, M. Symmer, à faire quelques expériences curieuses sur les propriétés électriques de la soie (1).

M. Symmer avait l'habitude de porter deux paires de bas de soie en même temps, ceux de dessous étaient blancs et ceux de dessus noirs. Si on les retirait ensemble aucun phénomène ne se présentait, mais si les bas noirs étaient retirés avant les blancs on entendait une espèce de craquement ou de déchirement, et si la pièce était bien obscure on apercevait des étincelles.

M. Symmer, surpris, voulut expliquer ce fait par quelques expériences; il commença par passer ra-

(1) Ces expériences sont rapportées dans le 51e volume des *Transactions de la Société royale de Londres.*

pidement les mains en avant et en arrière par-dessus ses jambes chaussées de la double paire de bas, et obtint un résultat analogue.

Les bas furent pris séparément et placés à distance les uns des autres; ils parurent fortement excités, les blancs vitreusement, et les noirs résineusement, c'est-à-dire les uns par l'électricité positive, les autres par la négative. Si on les rapprochait à une plus faible distance les uns des autres, ils se gonflaient de manière à reproduire les formes de la jambe; encore un peu plus près ils s'attiraient vivement et achevaient de se rapprocher.

Ainsi rapprochés, l'air qui les gonflait sortait graduellement et leur attraction des objets diminuait à mesure que leur mutuelle attraction augmentait, tellement que, réunis ensemble, ils devenaient plats et adhéraient fortement les uns aux autres.

Si on les séparait, leur pouvoir électrique n'en semblait pas diminué, et ils continuaient d'en offrir encore longtemps les apparences.

Si la paire de bas blancs était dans une main et les noirs dans une autre, ils entraient dans une grande excitation à cause de l'attraction exercée par ceux de différentes couleurs et la répulsion de ceux de la même couleur.

Ce conflit d'attraction et de répulsion faisait que les bas se rapprochaient les uns des autres et offraient un spectacle vraiment curieux.

Si on les laissait se rapprocher, ils adhéraient avec une telle force qu'une fois ils supportèrent un poids de 12 onces (environ 360 gr.) sans se séparer. Dans une autre occasion ils soutinrent, dans une direction parallèle à leur surface, un poids de 17 onces (530 gr.) qui était vingt fois leur propre poids. S'ils étaient placés l'un dans l'autre il fallait un poids de 20 onces pour les séparer; il n'en fallait qu'un de 10 onces s'ils étaient seulement superposés l'un sur l'autre.

Les bas noirs étant nouvellement teints et les blancs nouvellement blanchis à la fleur de soufre, leur mutuelle attraction en était considérablement augmentée; il fallait alors une force de trois livres trois onces (environ 1 kil. 600 gr.) pour les séparer. Avec des bas plus forts, la force de cohésion fut plus grande. Un de ces bas blancs placé dans un noir de semblable qualité, premièrement l'endroit de l'un avec l'envers de l'autre, et ensuite les deux envers ensemble enlevèrent dans le premier cas jusqu'à 9 livres; dans le second cas, il ne fallut pas moins de 15 livres pour les séparer. Les touffes et les petits bouts de soie qui se trouvent à l'envers du tricot aidaient considérablement à cette résistance: on en eut la preuve en répétant l'expérience après les avoir coupés.

Au cours de ces expériences, M. Symmer découvrit encore que la soie noire et la soie blanche quand elles sont fortement électrisées adhèrent, non seulement l'une avec l'autre, mais encore avec toute surface polie, pourvu que cette surface ne soit pas elle-même électrisée.

Ainsi prenant indifféremment un de ces bas, il en frappant le mur de l'appartement et le bas adhérait parfaitement au papier de tenture. Cette expérience plusieurs fois répétée lui prouva que cette adhérence pouvait durer une heure.

Des expériences semblables, mais plus variées encore, furent faites par M. Cigna, de Turin ; elles sont consignées dans les Mémoires de l'Académie de cette ville.

M. Cigna ayant étendu sur une surface unie et frotté plusieurs fois avec un couteau d'ivoire deux rubans blancs qu'il avait auparavant fait bien sécher au feu, obtint, par ce simple frottement, l'adhésion des rubans sur la surface où ils étaient placés.

Quand on enlevait séparément ces rubans, ils paraissaient électrisés résineusement et se repoussaient l'un l'autre ; si on les séparait, on apercevait entre eux des étincelles électriques ; mais si on les réunissait, si on les replaçait sur la surface ils ne donnaient plus d'étincelles que s'ils étaient fortement excités par le frottement. Quand, au moyen de la règle d'ivoire ils avaient acquis l'électricité résineuse, si, au lieu de les placer sur la surface même où ils avaient été frottés, on les plaçait sur un conducteur grossier, on voyait à leur séparation les deux états opposés d'électricité, mais ils disparaissaient si on les réunissait.

Si les deux rubans étaient soumis à une friction sur une surface rude, ils acquéraient également un état contraire d'électricité : celui de dessus l'électricité résineuse, et celui de dessous la vitreuse. Le même effet était instantanément produit en employant la pointe d'un conducteur.

Les deux rubans étaient-ils préparés pour se repousser l'un l'autre, il suffisait de promener une aiguille sur toute la longueur de l'un des deux pour qu'ils se réunissent de suite.

Nous ne suivrons pas M. Devilliers dans la description des curieuses expériences de M. Cigna; nous nous bornerons à faire observer avec lui qu'une suite d'expériences simples et aisées peuvent être faites sur les propriétés électriques de la soie et que, de l'ensemble de ces expériences, résulte la démonstration que la soie est de toutes les substances connues celle qui semble offrir les phénomènes les plus remarquables à cet égard.

La propriété qu'elle possède d'oxciter l'électricité par la friction est d'une grande application; aussi occupe-t-elle une place considérable parmi les matières employées en physique, notamment, pour les appareils et machines électriques.

LES CURIOSITÉS DE LA SOIE

I

Les soieries ont eu, comme étoffes de luxe, une filiation qu'il convient de faire connaître.

On ne les voit point surgir tout à coup et entrer de prime saut dans les habitudes de la vie élégante, même en Orient, leur patrie.

Avant leur apparition sur le théâtre du luxe et de la mode, des tissus plus riches encore, c'est-à-dire les draps d'or et d'argent, y faisaient resplendir leur richesse lourde et massive.

Ainsi que le constate M. Francisque Michel dans ses savantes *Recherches sur les étoffes de soie, d'or et d'argent* (1), « l'art de mêler l'or à la laine pour en faire un tissu précieux remonte à une haute antiquité ; suivant Pline, il faut en faire honneur au roi Attale, dont le nom resta attaché aux étoffes de ce genre.

(1) 2 vol. in-4° publiés à Paris, en 1852.

4

« Le même écrivain nous apprend que Tarquin l'Ancien, lors de son triomphe, était revêtu d'une tunique d'or, et que la femme de Claude, Agrippine, assistait près de son mari au spectacle des Naumachies couverte d'une tunique d'or pur tissé.

« Tels encore étaient les habits trouvés à Rome dans deux urnes funéraires, mais le plus ordinairement le fond de ces étoffes était de laine, comme sans doute les draperies blanches qui servirent aux funérailles de Néron. Et il en fut ainsi jusqu'au moment où la soie devint assez commune en Orient pour que l'on pût remplacer une substance par l'autre et songer à augmenter le prix et l'éclat de cette dernière.

« Les étoffes d'or et d'argent rentrèrent dès lors dans la catégorie des soieries et, depuis elles n'en ont plus été séparées. »

Introduite en Italie dès le VIIe siècle, la fabrication des étoffes de soie fut, paraît-il, dans le principe, à peu près exclusivement réservée aux femmes.

« Tout le monde connaît la tradition qui a fait de Berthe, la mère de Charlemagne, une fileuse renommée. Au dire des chroniqueurs, elle mettait en œuvre l'or et la soie avec une habileté qui défiait celle des meilleures ouvrières.

« Un écrivain du XIIIe siècle nous apprend, d'après Eginhard, que Charlemagne :

Ses filles fit bien doctriner
Et apprendre kendre et filer
Et à ouvrer soies en *tauliches*.

« Ces *tauliches* étaient évidemment des métiers à tisser. »

Comment étaient-ils construits? On ne peut résoudre cette question qu'à partir du XIVe siècle, époque à laquelle fut réglementée en France la corporation des ouvriers en soie. Les métiers employés alors ressemblaient, à peu de différence près, à ceux que, presque à notre époque, l'admirable invention de Jacquard a si heureusement modifiés.

Dans ce même temps, « la soie était encore très rare en France. Il est marqué dans les comptes du domaine de la sénéchaussée de Beaucaire que le sénéchal, chargé par Jeanne de Bourgogne, femme de Philippe de Valois, de lui acheter douze livres de soie de Provence, de différentes couleurs, fit partir un exprès de Nîmes, le 1er juillet 1345, pour les porter à Paris et que cette soie coûtait soixante-seize sous tournois la livre. Le marc d'argent ne valait alors que soixante-huit sous, ce qui fixe le prix de cette soie à environ soixante-cinq francs de notre monnaie. »

Toujours à la même époque « il y avait à Paris des *ouvrières de tissus de soie* » qui, suivant toute apparence, faisaient ces ceintures, ces chapeaux de femmes, ces rubans dont parlent tous les écrivains du temps.

On voit, en effet, la plupart des héroïnes des anciens romans exceller « en ce genre d'ouvrage que l'on appelait *cointise* ou *mignardise*, surtout quand il était destiné à figurer sur les vêtements ou au casque d'un chevalier, dans une bataille, dans un tournoi. »

II

M. Francisque Michel est plus précis encore, sur le rôle attribué au moyen-âge à la femme, dans le travail de la soie, lorsqu'il parle de ce travail en Angleterre.

« La fabrication des soieries, dit-il, paraît avoir eu, en Angleterre, les mêmes commencements qu'en France, *c'est-à-dire avoir été d'abord exclusivement entre les mains des femmes.*

« Il est pour la première fois question de cet objet dans un acte du Parlement, passé l'an 1363, sous le règne d'Édouard III, par lequel il est enjoint à tous fabricants et négociants de se borner à une seule espèce de marchandise, à leur choix, avec une exception en faveur des femmes brasseuses, boulangères, tisserandes, fileuses et autres personnes du sexe féminin employées au travail de la laine, de la toile, de la *soie*, de la *broderie*, etc.

« Il paraît néanmoins qu'à cette époque, ce genre de manufacture n'avait encore pris qu'une bien faible extension, puisque, près d'un siècle plus tard, en 1454, une loi fut faite pour protéger pendant cinq ans les ouvrières en soie de Londres, contre l'importation de diverses marchandises énumérées dans cette loi, telles que *soie filée, rubans, dentelles*, tissus de soie, ou toute autre chose touchant on concernant l'*industrie des femmes*.

« On voit par ce statut, qui le dit positivement, qu'avec cette industrie plus d'une femme de bien, dans la cité, avait vécu très honorablement, plus d'un bon ménage s'était soutenu, et que plusieurs femmes de condition et d'autres en grand nombre, évaluées dans l'acte à plus de mille, avaient été amenées à apprendre le même état.

« L'importation des soies ouvrées étrangères est signalée comme ayant causé un grand chômage parmi les jeunes filles de condition et autres apprenties du même métier, et la ruine de plus d'un bon et notable ménage, parmi les personnes occupées de cette industrie qui est, ajoute le législateur, *convenable, digne et appropriée aux femmes de condition et autres femmes de bien...* »

« Il ne faudrait cependant pas croire, d'après ce qui précède, qu'à cette époque il existât en Angleterre des fabriques de soieries en pièce. Une semblable opinion serait contredite par l'assertion positive de lord Bacon dans son *Histoire de Henri VII*.

« Ce n'est, en effet, que plus tard qu'on voit un des successeurs de ce prince assigner une maison, à Westminster, à un Italien nommé Geoffroy Damico, habile dans l'art de tisser des draps de damas, des velours, des draps d'or et autres soieries, afin qu'il put exercer ledit métier et former des apprentis ; mais la même malveillance qui avait accueilli chez nous les premiers pas de cette industrie naissante ne pouvait manquer de multiplier les obstacles sur sa route en Angleterre.

« Les marchands italiens, dont le pauvre Damico menaçait le commerce, se liguèrent contre lui et, à la requête de trois individus, leurs valets ou du moins leurs agents, il fut arrêté sous prétexte de dette.

« Étranger, et sans connaissances qui pussent répondre pour lui, le prisonnier adressa à l'évêque de Lincoln, qui était alors chancelier d'Angleterre, une requête à l'effet d'obtenir un ordre des shérifs de Londres d'avoir à présenter la personne du prisonnier, avec la cause de son arrestation, devant le roi, en sa chancellerie, le jour marqué par sa seigneurie.

« Cette requête, qui nous a été conservée, paraît avoir eu un plein succès; malheureusement on ignore les suites de l'affaire, ce qu'on a lieu de regretter, car il serait intéressant de savoir ce que devint le pauvre ouvrier, en butte aux persécutions d'ennemis riches et puissants.

« Il est donc bien prouvé qu'en Angleterre on ne fabriquait pas d'étoffes de soie avant le règne d'Élisabeth.

« Pour ce qui est des bas de soie faits au métier, on sait que cette princesse en reçut, comme un présent de grande valeur, quelques paires qui venaient du continent et qu'elle en fut si charmée qu'elle ne voulut plus désormais porter d'autres bas.

« En conséquence, elle ne négligea rien pour attirer cette branche d'industrie en Angleterre et elle y réussit.

On montre encore aujourd'hui, parmi les curiosités de la Tour de Londres, le premier métier à bas établi sous son règne.

« Ce ne fut que vers la fin du règne de Jacques Ier que, grâce aux encouragements accordés par ce monarque à un négociant de Londres, nommé Burlamach, nom qui dénote une origine italienne, quelques teinturiers et fabricants de soieries en pièce arrivèrent du continent et s'établirent à Londres, où cette branche de commerce prospéra si rapidement que, dès l'année 1629, les fabricants de soieries furent réunis en un corps de métier et eurent leurs syndicts et prud'hommes. »

III

Peu de détails ont été conservés sur l'histoire de la soie en Allemagne et en Scandinavie, pendant le moyen-âge; mais il n'en est plus de même pour les pays Slaves, que leur voisinage de l'Asie et leurs relations fréquentes avec l'Orient durent initer de bonne heure au luxe et aux habitudes asiatiques.

« Levesque, dans son *Histoire de Russie*, fait observer, à propos des présents envoyés à l'empereur Henri IV, en 1075, par Swiatoslaf II, que les princes russes étalaient un luxe alors inconnu à l'Allemagne. »

M. Francisque Michel ajoute que, lorsqu'en 955 l'empereur Constantin Porphyrogénète tint Olga sur les fonts du baptême, il se trouvait à Constantinople quarante-quatre négociants russes qui eurent part, avec leur souverain et les dames de la cour aux présents de l'empereur, parmi lesquels on remarquait de belles étoffes.

Pour peu que l'on descende jusqu'au XVIe siècle, on voit qu'en Russie les étoffes en soie d'or et d'argent étaient aussi répandues que chez nous, où les *pailes* esclavons, les *pales*, les *dras* et le *cendal* de ce pays étaient si célèbres aux XII et XIIIe siècles.

« Le baron d'Herlerstein, qui alla en Russie en 1516 et en 1526 comme ambassadeur de l'empereur Maximilien, les comprend au nombre des marchandises que le commerce importait dans ce pays, et, un peu plus loin, parlant de Moscou, il nous apprend que l'on y vendait, dans une espèce de bazar, les étoffes de soie avec les épices, à meilleur compte qu'en Allemagne, ce qu'il faut attribuer, dit-il, à l'échange que l'on en fait.

« Le tsar Ivan IV, qui invita notre diplomate à une partie de chasse, est décrit par lui comme vêtu d'un habit de tissu de fil d'or, et en tête de sa relation, on voit le portrait de ce prince daté de 1551.

« Le costume y est absolument semblable à celui du tsar Fedor Alexievitch, représenté dans une publication moderne, en grande robe de brocart d'or, à ramages rouges, dont la palatine, les revers et les parements sont couverts de pierreries.

« C'est ainsi, selon toute apparence, qu'était vêtu Fedor Wanovitch, en 1584, au moment de son couronnement, dont les détails nous ont été conservés. Non seulement le tsar, mais encore le métropolite de Moscou était vêtu d'une longue robe de soie; de beaux tapis couvraient les parois de l'église et des tentures de soie rehaussées d'or cachaient les murs.

« Quand, plus tard, le même souverain entra en triomphe dans la ville d'Ivanogorod, sur la Narova, il était vêtu d'un habit blanc brodé d'or... enfin, en 1595, les ambassadeurs de ce prince apportèrent, assure-t-on, à l'empereur, entre autres présents, un magnifique habit en damas de soie.

« En 1553 le capitaine Chanceler, qui commandait l'un des trois vaisseaux anglais expédiés la même année pour chercher un passage dans l'Inde par le Nord, trouva le tsar vêtu d'un manteau de drap d'argent et les seigneurs de sa cour habillés d'étoffes d'or.

« Pareillement, lorsque, en 1558, Elard Cruissen et Nicolas Franck vinrent de Livonie en ambassade auprès d'Ivan IV, ils virent le tsar vêtu d'une robe longue, et, à sa gauche, douze princes, ses principaux conseillers, couverts d'habits tissus d'or, à la façon des ecclésiastiques. De même les boyards et les gentilshommes de la cour impériale qui accueillirent, en 1581, au palais de Stavitza, le jésuite Passevin, revêtus de superbes étoffes d'or.

« Vers le même temps, des ambassadeurs moscovites, envoyés auprès de l'empereur Maximilien, lui présentaient la lettre du tsar, enveloppée dans un morceau de drap d'or, et ceux qu'Ivan IV envoya en Pologne étaient accompagnés de quinze cents cavaliers richement vêtus, qui d'or, qui de soie et autres tissus de prix.

« Un ambassadeur étranger, auquel un souverain russe voulait faire honneur, recevait de lui une robe de soie. Était-il admis à l'audience du tsar, il voyait sur son passage des gentilshommes que leur maître avait fait habiller de toiles d'or et d'argent de Perse, avec le haut bonnet de renard noir.....

« En 1600, il vint une grande ambassade de Pologne auprès du tsar ; le jour qu'elle remit ses dépêches, il la reçut assis sur son trône et entouré de ses seigneurs du conseil et de ses *okolnitchi* vêtus de très riches robes d'or, brodées de perles. A ses côtés étaient deux jeunes seigneurs debout, vêtus de velours blanc bordé d'hermine....

« Or, il faut noter, ajoute l'ancien écrivain cité par Francisque Michel (1), que l'empereur se fait servir à table très somptueusement, selon la façon « ancienne du pays, à sçavoir : par deux ou trois « cents gentilshommes, vêtus de robes de drap d'or « ou d'argent de Perse, avec un grand colet qui « renverse en arrière d'un grand demi-pied, bordé « de perles, etc... »

Le même écrivain, qui se trouvait en Russie au commencement du XVIIe siècle, et qui fut admis à visiter le trésor impérial, nous apprend qu'il y avait abondance de toutes sortes d'étoffes : « A sçavoir : drap d'or et d'argent de Perse et de Turquie ; toutes sortes de velours, satin, damas, *taffetas* (2), et autres estoffes de Syrie ; et à la vérité, ajoute-t-il,

(1) Le capitaine Margeret, *Essai sur l'empire de Russie*.

(2) On n'est pas d'accord sur l'étymologie de ce mot ; nous croyons, avec de savants critiques, y voir une onomatopée. Les syllabes taf-taf représentent assez bien, en effet, le bruit produit par le taffetas quand on l'agite. Ce n'est pas d'ailleurs seulement à l'étoffe qui a gardé leur nom que ces deux syllabes ont été autrefois appliquées.

« Au milieu du XVIIe siècle, voulait-on dire qu'un homme avait grand'peur, tremblait de peur, on disait que le cœur lui faisait *taf taf*. De là sûrement le mot d'argot *taffetas*, synonyme de crainte, de frayeur. »

il en faut grande quantité, car tous ceux qui viennent pour servir l'empereur ont leur bienvenue, comme ils l'appellent, qui consiste en argent et, selon la qualité, une robe de drap d'or, ou autant de velours, satin, damas ou taffetas pour lui faire un habit; outre ce, quand il récompense quelqu'un, soit pour service fait à la guerre ou autres, il leur en donne de mesme ; aussi ont tous ambassadeurs venant ou des Tartares et Nogais, ou des Krim, ou quelque autre nation de l'Asie, tant pour eux que pour leur gens, des estoffes de soie, chacun selon sa qualité ; tellement que pour tenir le trésor toujours fourni, tous marchands, tant estrangers que Russes, sont obligé d'apporter toutes estoffes et autres choses de valeur au trésor, et là on va choisir de tout pour l'empereur ; que s'il se trouvait qu'ils vendissent ou célassent, avant l'avoir monstré, pour dix ou douze écus seulement de marchandises, tout le reste serait confisqué, combien qu'ils eussent payé la gabelle et tous imposts. » (1).

On n'aurait point une idée suffisante de l'abondance de soieries qu'il y avait en Russie au xvie siècle, qu'on se l'imaginerait sans peine en voyant que, jusqu'aux tentes du tsar, étaient en étoffes d'or, ornées de broderies et de perles et que, jusqu'aux soldats, avaient des surtouts d'or et de soie. Ce luxe fut porté si loin que, s'il faut en croire M. Deppung, les états de Livonie, assemblés

(1) Il en était de même dans la plupart des États orientaux, et notamment en Perse, ainsi que nous l'apprend Chardin dans son *Voyage en Asie*.

à Wolmar, en 1545, considérant que le pays était appauvri et épuisé par les grands régals, les vêtements de soie et d'autres dépenses, proscrivirent les habillements de soie brodée ou brochée tant pour les hommes que pour les femmes, défendirent que l'on donnât à son père, frère ou serviteur d'autre chemise que des chemises à collet cousu sans or et sans perles, etc.

A cette époque tout ce qui servait au luxe des habits, les beaux draps, les riches étoffes, se tiraient de l'étranger, et Nowogorod était l'entrepôt général de la Russie, de la Grèce, de la Tartarie, du Levant, de l'Arabie et de l'Inde. Une grande partie de ces marchandises arrivait dans cette ville par l'Oxus, la mer Caspienne et le Volga.

En fait d'étoffes, les Russes ne savaient faire que de gros drap gris, pour vêtir les paysans, du coutil et de la toile assez grossière.

IV

Les Polonais, continue M. Francisque Michel, n'étaient pas moins luxueux que les Moscovites ; on en a la preuve, dès le xııe siècle, par les présents que le duc Boleslas et les seigneurs de l'époque envoyèrent à saint Othon, évêque de Bamberg et apôtre de la Poméranie, et par le dénombrement des étoffes de prix que l'on trouvait alors à bon compte sur le marché de Halle ; mais le luxe des anciens Polonais ne s'était jamais montré avec plus d'éclat qu'en 1574, lorsque les ambassadeurs de cette antique et glorieuse nation vinrent en France pour reconnaître et chercher leur nouveau roi (1).

Ils se présentèrent aux Parisiens vêtus de longues robes d'étoffes d'or et précédés de jeunes gentilshommes tous en robes de soie.

Les seigneurs polonais qui assistèrent au couronnement de Henri III, à Cracovie, étalèrent peut-être encore plus de luxe : « Ce que j'ay vu de plus beau ici, dit un témoin oculaire, est la suite de ces seigneurs, car allans par la ville, ils estaient montés sur des chevaux tous garnis de drap d'or et d'orfévrerie et de riches pierreries, et devant eux marchaient, qui 200, qui 300 gentilshommes, tous vestus d'une parure de toile d'or ou d'argent; je puis dire que de tels gentilshommes, il s'en trouve maintenant à Cracovie plus de cinq cents, le moindre desquels a vingt serviteurs ainsi habillés. »

On se fait encore mieux une idée du luxe d'habit des Polonais en lisant les détails donnés par de Thou sur la pompe déployée à la réception du nouveau roi. Parmi ceux qui y figuraient, on remarquait l'archevêque de Gnesne et l'évêque de Posen, suivis de deux cents piqueurs vêtus à la hongroise d'habits de velours brodés d'or; le Castellan de Cracovie, escorté de deux cents cavaliers, avec des casaques brodées d'or et d'argent, et nombre d'autres prélats et de palatins

(1) Le duc d'Anjou, frère de Charles IX, et plus tard roi de France sous le nom de Henri III.

accompagnés de leurs hommes d'armes non moins bien équipés.

Plus loin, le même historien rapporte qu'après l'exécution de Samuel Sborowski la belle-mère du mort lava le cadavre, rattacha la tête au tronc, l'équipa en homme de guerre, avec une robe de pourpre de soie et sa masse d'armes et le laissa voir pendant deux jours dans cet habillement (1).

Il serait naturel de penser que ces riches étoffes venaient principalement d'Orient, alors même que Passevin ne le dirait pas d'une manière positive.

V

Ces vêtements, ces étoffes tranportés par le commerce d'Orient en Occident, où l'on avait la plus grande estime pour les articles *ouvrés des mains de Sarrazins*, excitaient une telle admiration que plus d'une fois les trouvères les représentèrent comme tissés par les fées, ouvrières fantastiques, que l'un deux nous montre vêtues de velours de soie blanche, couleur affectée, assure-t-il, aux hôtes de l'autre monde.

Dans un autre roman de la même époque il s'agit d'un manteau dont l'étoffe fabriquée dans l'Inde, par le moyen de la magie, avait été envoyé à la fille de Calchas.

C'était encore une fée qui avait tissé la housse

(1) L'usage est encore de nos jours, en Pologne, de revêtir les morts de leurs plus beaux habits, et de les enterrer ainsi vêtus après les avoir laissés exposés plusieurs jours.

du cheval légendaire dans le roman de Perceval, et le manteau de la dame que Beaudoin de Sebourg, au dire de son historien, rencontra chez le Vieux de la Montagne.

Tout le monde a lu le passage de l'*Enéïde* dans lequel le fugitif Enée, voulant reconnaître, par d'autres présents ceux que vient de lui faire Didon, lui envoie le manteau et le voile dont se parait Hélène.

Un poète allemand du XIIIe siècle qui, vraisemblablement, ne connaissait le chantre d'Enée que pour en avoir entendu parler, mais qui, plus sûrement, avait lu le *roman de Troie* et la description du manteau de la fille de Calchas, décrivit à son tour, dans son poème sur la guerre de Troie, une robe et un manteau d'Hélène, qu'il représente comme faits, de *pliat*, dans l'Inde, par les nains et par enchantement.

Enrichie d'or et décorée de figures d'animaux, de feuillage et d'autres ornements, également bonne contre la chaleur et contre le froid, l'étoffe de ces vêtements changeait de nuances sept fois par jour, de façon à dérober le secret de sa véritable couleur, aussi problématique que celle des habits de Clairmondine, la célèbre héroïne du *roman de Cléomades.*

Ces nains, ces fées, qui ne se bornaient pas à tisser, à broder de belles étoffes, mais qui forgeaient aussi et ciselaient des armes de prix, habitaient, au moins les fées, hors de l'Europe, une certaine île dont les trouvères ont négligé de nous donner le nom exact.

Il serait puéril de rechercher si nos anciens poètes, lorsqu'ils désignent vaguement, comme patrie primitive des étoffes de soie, les contrées de l'Orient et du Midi, dont nous sommes séparés par la mer, n'auraient point eu en vue une île déterminée.

Toutefois il est à remarquer que Froissart, sans doute sous l'influence des récits des voyageurs qui avaient déteint sur les romans des deux siècles précédents, parle de l'île de Zante de manière à faire croire que c'est bien là où leurs auteurs plaçaient le berceau de tant de merveilleux tissus.

Il assure que les femmes de cette île, « ouvrent admirables ouvrages de la main, et tissent et font des draps de soie si subtils que nuls ouvrages, en tant que de telles choses, n'est pareil au leur... Les hommes de la dite île n'en savent rien faire, mais au dehors ils les portent vendre, là, où au mieux ils en croient faire leur profit, et les femmes demeurent à la dite île... Et quand elles veulent bien, acertes, *elles parlent à fées et sont en leur compagnie.* »

Une de ces fées, dont le nom ressemble singulièrement à celui de Maheut (Mathilde), l'habile ouvrière à qui la tradition attribue la célèbre tapisserie de Bayeux, avait tissé pour le roi Hugon de Constantinople une couverture qui, au dire de la chronique, *valait mieux que les trésors d'un émir.*

Ainsi engagée sur le terrain de la fiction, l'imagination des trouvères et des romanciers du moyen âge ne devait plus rencontrer de limites : les étoffes tissées par les fées recèlent toute espèce d'enchantements : les unes sont plus sûres pour arrêter et détourner la flèche ou la lame de l'ennemi que le bouclier le plus solide ; les autres invitent à un sommeil paisible quiconque en couvre sa tête ; d'autres encore repoussent la maladie, écartent la vieillesse, conservent la santé, etc.

Mais aucune peut-être n'est plus miraculeuse que celle que reçut pour son époux la femme d'Alexandre, et qui, tirée

« Du poil d'une beste qui *salamandre* a nom »,

mettait à l'abri du feu quiconque avait le bonheur de la posséder (1).

Alexandre qui en fit faire une tente put ainsi défier le feu grégeois, déjà découvert et employé comme engin de guerre. Ce passage, tout fantastique qu'il soit, ne met pas moins sur la voie d'une découverte intéressante, faite par nos aïeux, celle des tissus incombustibles.

Ces étoffes en poil de salamandre sont mentionnées par plusieurs autres romanciers contemporains de l'auteur du *roman d'Alexandre* comme œuvre évidente de magie.

Il était réservé à un voyageur, qui est souvent accusé de mensonges, de s'élever contre les fables auxquelles donnèrent lieu ces précieux tissus incombustibles.

Il nous apprend que ces étoffes réputées magiques n'étaient autre chose que des toiles d'amianthe, subtance minérale qui se trouve, dit-il, dans une montagne sur les confins d'une province de la Tartarie, et après s'être étendu sur la manière dont

(1) Le roman d'Alissandre.

on exploite cette substance, il ajoute sur la fabrication de la « *toaille de Salamandre* : « et ce est la vérité que vous ai dit, et toutes les autres chouses « qui s'en dient sont mensonges et fables. »

VI

Si, des pays septentrionaux nous passons au sud de l'Europe nous trouvons qu'en Italie l'industrie de la soie était comptée, dans les lois de Gênes, au nombre de celles qu'un gentilshomme pouvait exercer sans perdre sa noblesse ; c'est qu'en effet cet art était la source principale de la prospérité et du lustre de la république génoise.

A Florence, où l'industrie de la soie ne comptait peut-être pas de nobles parmi ceux qui s'y livraient, elle était exercée par des gens à leur aise et même riches. On regardait, en effet, ce métier comme un des principaux : il avait ses armoiries particulières représentant une porte de gueulle en champ d'argent.

Telle était l'importance que l'on attachait en Italie aux procédés de la fabrication de la soie, qu'au seizième siècle un certain Ugolin, de Bologne, fut pendu pour avoir enseigné aux Modénois le secret des moulins à tordre, inventés en 1272 par le Bolonais Berghesano.

En France, les entrepreneurs de manufactures de soie furent anoblis par Henri IV et ne quittèrent pas pour cela leur industrie.

VII

Cette fabrication a conservé, parmi nos industries nationales, le rang d'honneur qui lui fut alors attribué, et Lyon est resté le siège principal de cette riche production ; elle y occupe aujourd'hui 120,000 métiers, dont 38,000 dans la ville même et le surplus disséminés dans les départements de l'Ain, de la Loire, de l'Isère et du Rhône.

« La production peut atteindre une valeur de 490 millions de francs.

« A côté des étoffes les plus luxueuses, Lyon fabrique des tissus de consommations plus courante et qui sont recherchées par toutes les nations : les *satins*, les *failles*, les *taffetas*, les *poults de soie*, les *moires*, les *velours*.

« Le tissage à la main, soit au métier à rames, soit au métier Jacquard, est beaucoup plus employé dans l'industrie lyonnaise que le tissage mécanique; cependant celui-ci s'est très développé depuis quelque années dans le département du Rhône et dans les départements voisins, pour la fabrication des étoffes unies noires et de quelques tissus de couleur.

« Citons encore, parmi les produits de l'industrie lyonnaise, les *serges*, les *satins de Chine*, les *velours légers* (trame coton) les *gazes de soie*, les *gazes* dites *de Chambéry*, les *grenadines*, les *fichus et châles crêpes de Chine*, les *popelines de soie*, les *velours et tissus mélangés pour gilets*, les *étoffes en soie pour ameublements, tentures et ornements d'église*, etc.

« La fabrication des rubans de soie est l'objet d'une industrie importante à Saint-Etienne et à Saint-Chamond ; le tissage des rubans se fait en général à la main et chez l'ouvrier, sur des métiers à *la barre*, qui permettre de fabriquer plusieurs pièces à la fois.

« A cet effet, on dispose dans le métier autant de groupes de fil de chaîne que l'on veut fabriquer de pièces; à chaque groupe correspond une navette de forme particulière et, par un mécanisme spécial, toutes ces navettes fonctionnent à la fois dans le groupe des fils où chacune doit insérer la trame.

« C'est par un artifice analogue que se font à Bernay les rubans de coton.

« Les peluches de soie, employées à la confection des chapeaux de soie, sont fabriquées à Sarreguemines et à Tarare.

« Ce sont des tissus à boucles coupées comme les velours de soie » (1).

(1) *La France industrielle*, 3e édition, 1880.

TALABOT (François-Paulin)

(1799)

I

Le *Dictionnaire universel des contemporains* nous apprend que M. Talabot est né à Limoges, le 18 août 1799.

Il entra à l'École polytechnique en 1819, fut admis en 1821 à l'École des ponts et chaussées, et en sortit quatre ans plus tard avec le diplôme d'ingénieur.

Il resta jusqu'en 1830 dans le service du gouvernement; mais alors il s'occupa de l'établissement des chemins de fer et prit une grande part dans la création du réseau du Sud-Est de la France et dans le développement de l'induetrie houillère du département du Gard.

Nommé ingénieur en chef des ponts et chaussées, il devint bientôt après directeur général de la compagnie des chemins de fer de Paris à Lyon et à la Méditerranée, et membre du conseil général pour le troisième canton de Nîmes.

En 1863, il fut nommé député au Corps législatif pour la 1re circonscription du Gard, par 17,294 voix sur 19,960 votants.

Réélu au même titre, en 1869, il se renferma, après le 4 septembre 1870, dans les affaires industrielles.

Depuis, il a particulièrement consacré son temps aux soins de la considérable administration qu'il continue à diriger.

Esprit essentiellement pratique, toujours prêt à réaliser les heureuses et nombreuses conceptions de sa vaste intelligence, M. Talabot a prêté le concours de son expérience et de ses talents à presque toutes nos grandes industries.

L'industrie de la soie, ou du moins le moyen de donner à cette industrie tous les moyens de sécurité qu'elle peut offrir à ceux qui s'en occupent, a particulièrement fixé son attention, et son nom s'est attaché, pour en rester inséparable, à une des institutions ou, pour mieux parler, à l'institution qui a apporté dans la fabrication des soieries, des moyens de vérification que l'on peut comparer à ceux qu'offre, dans les matières d'or et d'argent, l'opération à laquelle on a donné le nom de *garantie*.

Nous voulons parler du *conditionnement des soies*.

II

DU CONDITIONNEMENT DE LA SOIE

Laissons ici parler M. Bast-Maupas, le premier créateur en France d'un système pratique du conditionnement des soies :

« La grande consommation de la soie et le haut prix de cette matière élevaient entre les acheteurs et les vendeurs de continuelles difficultés sur le plus ou moins d'humidité de la soie vendue et achetée. »

On était bien d'accord sur le prix, les balances fixaient bien le poids du ballot ; mais deux, quatre, six et jusqu'à dix kilogrammes d'eau qui pouvaient se trouver sur 100 kilogrammes de soie ne pouvaient s'évaluer.

Il était dur pour l'acheteur de payer de l'eau pour de la soie.

Il fallait donc trouver, dans l'intérêt commun, une mesure invariable qui déterminât l'état de siccité de la soie, qui conciliât l'intérêt du vendeur et de l'acheteur, qui évitât enfin des discussions continuelles.

C'est cette opération qui constitue ce qu'on appela dès lors *conditionner les soies*.

Depuis longtemps le commerce, entravé par des contestations toujours renaissantes, devait désirer et désirait, en effet, l'établissement d'une condition publique qui satisfît ses vues. De graves difficultés étaient à surmonter pour satisfaire aux deux objets principaux et indispensables dont il fallait se préoccuper, sans compter une foule de détails accessoires.

Il fallait d'abord placer la soie de manière à lui donner une situation uniforme et capable de subir par sa position une dessiccation égale, pour que ni le vendeur ni l'acheteur ne pussent être lésés et que, dans quelque situation que fût la soie, elle se trouvât au sortir de la condition dans un état de siccité toujours égal.

Le second point, également important, était d'obtenir la confiance des déposants et de les tranquilliser sur la fidélité des manipulations du conditionnement; de leur donner, en un mot, la certitude que la diminution qu'entraînerait la soie mise à la condition ne serait que la perte de son humidité superflue et jamais la soustraction d'une partie des matières.

« Le commerce avait senti la difficulté de satisfaire à ces conditions; il voyait les abus croître de jour en jour; on m'engagea à former un projet qui pût lever tous ces obstacles; je m'en occupai immédiatement et je présentai un plan qui fut unanimement agréé.

« Ce projet a été mis à exécution sans qu'on ait put y désirer le moindre changement ou perfectionnement, ce qui prouve que j'avais tout prévu. »

M. Bast-Maupas décrit ensuite son appareil, lequel consiste en armoires fermées par des treillages et dont les portes sont scellées du sceau des parties contractantes.

Ces armoires sont renfermées dans une vaste étuve dont la chaleur est fixée à 18° et 20° Réaumur, soit celle qu'exigent les vers à soie pendant leur éducation.

La soie reste dans cette condition pendant 24 heures, après lesquelles elle est rendue au déposant si la perte est au-dessous de 3 0/0, quantité d'humidité qu'une première journée d'étuve peut absorber, mais si les 3 0/0 sont dépassés la soie exige une journée de plus de condition.

Un registre à souche, portant toutes les modifications relatées au dépôt et au conditionnement, est conservé dans l'établissement pour être consulté et fournir au besoin des duplicatas.

Le système de M. Bast-Maupas, bien qu'ayant satisfait et peut-être dépassé l'attente du commerce lyonnais, ne devait pas tarder, dans sa mise en pratique, à offrir certains inconvénients.

Il arrivait, par exemple, que des ballots mis en conditions assez secs, en sortaient plus pesants, c'est-à-dire plus chargés d'humidité qu'à leur entrée, par suite de leur voisinage avec un ballot humide.

Les fabricants se tinrent sur leurs gardes et ne firent plus conditionner que forcément et à contre-cœur. Bientôt l'expérience leur ayant appris qu'avec une certaine pression atmosphérique les ballots perdaient 5 et 6 pour 100 de leur poids, tandis que, par un temps humide, la dessiccation, au degré voulu, est impossible, ils avaient soin de choisir un temps bas et pluvieux.

Cette différence constituait, au profit du vendeur et à la perte de l'acheteur, un écart considérable ; c'était peu, en effet, que d'évaluer à 125 ou 150 francs par balle cette différence résultant d'une simple variation atmosphérique.

Ce fut en présence de cet état de choses que M. Talabot, dont l'esprit ingénieux savait embrasser à la fois le côté scientifique et le côté pratique de toutes les questions qui intéressent la science et l'industrie, commença à s'occuper du conditionnement des soies.

Il établit, par des expériences plusieurs fois renouvelées, que, dans certaines circonstances, la soie peut, sans altération, se charger d'une quantité d'humidité égale à 33 0/0 de son poids, et que, dans son état normal, la soie marchande, dans les conditions ordinaires de sa mise en œuvre, pour la fabrique, retient encore, même après l'opération du conditionnement, au moins 10 0/0 d'eau.

D'autres expériences prouvèrent que pour l'amener à 5 0/0 de dessiccation, il faut la soumettre à 103° ou 104° centigrades.

La chambre de commerce de Lyon demanda, en 1841, au savant ingénieur à qui l'industrie de la soie était redevable de ces précieux renseignements, de vouloir bien compléter son œuvre en cherchant un système de conditionnement plus satisfaisant que celui alors en usage.

M. Talabot imagina tout d'abord un procédé qui comprenait trois opérations distinctes :

1° Sécher également la soie dans toutes ses parties et distribuer uniformément l'humidité obtenue au moyen de courants d'air chaud et d'une bonne ventilation;

2° Déterminer le poids absolu de la soie contenue dans un petit échantillon à une température supérieure à celle de l'eau bouillante;

3° Observer attentivement la variation de poids de la balance qui supporte l'échantillon d'essai jusqu'au moment où il atteint le poids de condition en même temps que toute la partie de soie soumise à l'action de l'air chaud sous le même obturateur.

D'autres systèmes ont été déposés depuis à la chambre de commerce de Lyon, notamment celui de M. Renaut, lequel consistait à opérer dans le vide, en vaisseau clos, au moyen d'un appareil d'aspiration; mais, après expériences faites, aucun n'a paru de nature à remplacer utilement le système de M. Talabot, tel que son auteur l'a successivement perfectionné et surtout simplifié.

III

Voici comment on procède à la condition des soies:

On constate d'abord le poids brut du ballot, c'est-à-dire le poids de la soie et de son enveloppe; on pèse exactement cette dernière pour la défalquer du poids brut, afin d'avoir le poids exact ou net de la soie.

On extrait de cette soie un certain nombre d'écheveaux, souvent jusqu'à trente, pris dans autant de places différentes du ballot.

On divise les écheveaux ou échantillons en trois lots qu'on pèse immédiatement avec le plus grand soin.

On dessèche ensuite d'une manière absolue deux de ces lots dans des appareils différents. La concordance parfaite que les deux résultats doivent offrir sert comme moyen de contrôler l'exactitude des balances des appareils et les soins que les employés apportent à l'opération.

Le lot mis en réserve ne sert qu'autant que l'on trouverait une différence d'un demi pour cent dans le résultat de la dessiccation des deux premiers, auquel cas on renouvellerait l'opération avec le troisième.

Lorsqu'on a constaté la concordance parfaite dans la dessiccation des deux échantillons, on en déduit facilement le poids absolu de la soie du ballot.

En effet, le poids de deux lots avant leur dessiccation complète est à leur poids complètement desséché, comme le poids net du ballot qui a été constaté est à son poids absolu qui est le seul terme inconnu de la proportion.

Quel que soit donc l'état de la soie lors de la vente, l'acheteur sait exactement, par une étiquette de la condition la quantité réelle de soie sur laquelle il doit compter.

Les ventes ne sont cependant pas basées sur le poids absolu de la soie; on a cru convenable d'y ajouter un certain poids de tolérance, tant pour représenter la quantité d'humidité qu'elle contient dans son état normal que pour faciliter le passage de l'ancien au nouveau système de conditionnement.

On a ajouté 11 0/0 au poids absolu trouvé après la dessiccation complète, c'est l'équivalent moyen de la quantité d'humidité que le commerce admet dans ses transactions.

Cette manière d'opérer ne présente plus d'inconvénients parce qu'elle établit des conditions connues et égales pour tous (1).

(1) Alcan. *Dictionnaire des arts et manufactures.*

OLIVIER DE SERRES

(1539-1618)

Nous navons pas à raconter ici la vie d'Olivier de Serres, dont nous avons donné dans un autre ouvrage la biographie détaillée (1).

Qu'il nous suffise de rappeler que, né en 1539, le seigneur de Pradel fut à la fois le législateur et l'historien de l'agriculture moderne.

Nourri de la lecture des anciens, expert dans tous les détails de l'économie rurale, ardent à propager les bonnes méthodes, afin de relever en France l'art agricole, de retenir aux champs les grands propriétaires aussi bien que les simples cultivateurs et d'augmenter le bien-être de tous, il mérita le surnom de « Patriarche de l'agriculture » que lui a conservé la postérité.

Son *Théâtre d'agriculture* est resté et restera comme le monument le plus complet, le plus beau qui

(1) *Les grands agriculteurs français.*

ait été jamais élevé à l'art de faire rendre à la terre tout ce qu'elle est susceptible de donner, art qui constitue la principale richesse d'un pays, et qui jusqu'à lui n'avait été régi chez nous que par la routine.

Ce *code excellent* a peu vieilli ; sauf les modifications apportées par les arts mécaniques à la culture de la terre et les connaissances nouvelles dues au progrès des sciences et, en particulier de la chimie, il n'est guère de conseils du *Bon mesnager* qui ne soient encore utilement applicables.

Nous ne nous étonnerons donc pas d'entendre un écrivain distingué s'écrier (1) :

« Que ne trouve-t-on pas dans l'admirable livre d'Olivier de Serres !

« Avec chacune de ses pages, on pourrait presque dresser le procès-verbal d'un plagiat, ou tout au moins établir le point de départ de quelqu'une des industries postérieurement créées.

« Nous croyons, par exemple, avoir inventé la *betterave ;* qu'on lise Olivier de Serres.

« Il n'en fait pas de sucre ; il laisse ce soin à Margraff (2), qui viendra deux siècles plus tard, mais il en fait d'excellente eau-de-vie.

« Tout lui est bon pour quelque bon usage. Avec les filandres de la grande ortie d'Égypte, il fait de la toile « *de belles et desliées toiles*, dit-il, *avec* « *l'exquise matière de l'ortie* (3). »

(1) Édouard Fournier, *Le Vieux neuf.*

(2) *Voir* le volume de cette collection intitulé *le Sucre.*

(3) Virgile savait déjà que la *ramee* ou *urtica* (ortie utile) servait aux Chinois pour fabriquer des toiles très fines et très

« Avec l'écorce du mûrier blanc, il trouve moyen d'obtenir un tissu propre à faire du linge et d'autres étoffes.

« Voilà donc cette soie végétale, dont nous sommes si fiers, inventée sous Henri IV.

« C'est une des découvertes à laquelle tenait le plus le bon sieur du Pradel.

« Il en fit le sujet d'un opuscule à part, détaché de son mémoire de la *Cueillette de la soie*, sous ce titre : *La seconde richesse du mûrier blanc qui se trouve en son écorce, pour en faire des toiles de toutes sortes, non moins utile que la feuille provenant d'icelui.*

« L'art d'élever les vers à soie occupa beaucoup, ainsi que nous l'avons dit, Olivier de Serres ; et si Henri IV s'en préoccupa de même, ce fut grâce à

fraîches. Nul cependant n'avait relevé en France l'indication donnée par Olivier de Serres à ce sujet, lorsqu'en 1841, l'abbé Voisin, directeur des missions étrangères, parla de cette industrie chinoise. Quatre ans après, M. Decaisne, dans son cours de culture au Jardin des Plantes, reprenait cet intéressant sujet, et proposait d'acclimater la *ramée* à la Guyane et en Algérie.

Rien n'avait cependant été fait encore dans ce sens, lorsque, en 1855, ce même produit fit son apparition à l'exposition de Londres. Voici en quels termes M. Tresca constate ce fait : « Importée depuis peu en Angleterre, une certaine filasse y fait fureur. L'exposition universelle de Londres a enthousiasmé en sa faveur les industriels et les jurys. On la désigne sous le nom de *china-grass* (ortie de Chine). Ce china-grass est tout simplement la ramée, cet *urtica utilis*, qui n'a pu être profité chez lui, mais qui fera peut-être son chemin, maintenant qu'il nous vient d'ailleurs. » A l'exposition de 1867, le china-grass employé en batiste ou mêlé à la soie, a été très remarqué.

ses conseils ; si l'on vit la France du centre se couvrir de mûriers ; si alors une partie du jardin des Tuileries en fut planté, c'est encore par ses soins et sous son entière direction.

« Que n'eût pas fait l'excellent sieur du Pradel pour ses vers à soie, pour ses chers magniaux, comme il les appelait d'après un mot du Midi dont nous avons tiré celui de *magnanerie*.

« Ainsi faut-il voir comme alors la soie indigène abondait dans les fabriques, et comme ces fabriques se multipliaient.

« Pour ne parler que de celles du centre, il y en avait à Paris, à Tours, à Orléans, qui rivalisaient avec celles de Lyon, et Dieu sait les belles étoffes ! »

Bien qu'on n'eût encore aucun des ingénieux procédés de fabrication aujourd'hui mis en œuvre ; ni le métier à rubans, inventé en 1666, par un ouvrier de Poitiers, et qui permettait à un seul homme, fût-il aveugle et manchot, de faire l'ouvrage de dix hommes avec dix métiers ordinaires ; ni la machine à faire les *organsins* si utilement inventée par Vaucanson, pour nous soustraire au joug de l'industrie piémontaise ; ni le métier à tisser dont l'Anglais Wilkinson nous vola l'invention en 1788, dans une visite au Conservatoire des arts et métiers où on l'oubliait ; ni le merveilleux métier de Jacquard ; ni enfin la machine à filer la soie par la vapeur, inventée en 1782 par le conte de Saluces et réinventée plus tard par l'Anglais Woulff, sous le nom d'appareil *pneumato-chimique* ; il n'en est pas moins vrai que tout ce que nous faisons de plus habilement et de plus magnifiquement tissé, n'éclipserait qu'à grand peine les soieries du XVIe siècle.

« On connaissait jusqu'à l'art de mélanger, dans un même tissu, des fils de matières différentes, et cela depuis bien des siècles.

« Sous Charlemagne, par exemple, on avait eu déjà des étoffes brochées ou « espoulinées par crochetage » pour parler l'idiome du métier; on se parait de tissus mélangés de soie, de coton ou de lin, de poil de chèvre ou de duvet de chameau; enfin de toutes les matières simples et fines qui rentrent dans la confection des cachemires.

« Que ce mot ne semble pas étrange appliqué à l'époque dont nous parlons; s'il n'était pas fait encore, la chose qu'il désigne était connue. Les anciens eux-mêmes avaient eu des *cachemires*.

« Il existe une preuve bien curieuse sur ce que nous venons d'avancer sur la similitude des étoffes du IXe siècle avec celles de nos jours.

« Théodulph, l'ami de Charlemagne, fit don à la cathédrale du Puy en Velay d'un manuscrit que cette église possède encore.

« Entre les feuilles, qui sont à miniatures et à lettres d'or, des morceaux de fins et moelleux tissus ont été placés et, chose étrange, il se trouve que ces échantillons, dix fois séculaires, sont pareils à des étoffes brevetées à notre époque.

« ... Ainsi, par exemple, en 1817, en 1820, en 1835, des brevets étaient pris par des manufacturiers de Saint-Chamond et de Lyon pour la fabrication de diverses étoffes qui se trouvent dans ce livre.

« Un fait presque aussi intéressant s'est produit en 1861, à l'exposition d'art et d'archéologie de Rouen : il fut reconnu qu'un morceau d'étoffe de coton, avec un semis de fleurs brochées en soie et portant encore sa marque de l'autre siècle : VISITE DE ROUEN 1745, BONTEMS, avait été fabriqué par un procédé de brochage tout semblable à celui qui a été appliqué dans les rubanneries de soie de Saint-Étienne, il y a environ une douzaine d'années.

« N'est-il pas curieux qu'ici, comme en plusieurs faits déjà racontés, nos inventions servent surtout à expliquer celles d'autrefois ; nos progrès aient pour résultat de servir de preuves à ceux du passé ! (1) »

(1) *Voir* notre ouvrage sur la *Teinture*.

FABRICATION LYONNAISE

DES TISSUS DE SOIE

I

DES AVANTAGES DE LA POSITION DE LYON, DES INSTITUTIONS ET DES ÉTABLISSEMENTS DE CETTE VILLE POUR L'ACCROISSEMENT ET LA PROSPÉRITÉ DES FABRIQUES LYONNAISES (1).

C'est un spectacle sans doute bien digne des méditations de ceux qui s'occupent de l'économie politique que celui de l'histoire des arts et de la marche de l'industrie en France et chez les différentes nations de l'Europe.

Mais les arts industriels que nous voyons naître, s'élever, grandir, recevoir des modifications qui se lient à la marche de la civilisation, aux progrès des sciences, au goût des beaux-arts, lorsqu'ils se sont

(1) Extrait de l'*Éloge historique de Jacquard*, par M. le comte de Fortis.

élevés à ce qui nous semble le plus haut degré possible, nous les voyons tout à coup dégénérer, tomber en décadence, s'anéantir insensiblement ou disparaître subitement, emportés par quelque grande catastrophe.

Nous les avons vus, fuyant les dominations étrangères ou les agitations politiques, passer d'un pays à un autre pour y trouver la liberté et les encouragements propres à leur donner l'essor et, dans ces milieux nouveaux, se naturaliser et marcher de progrès en progrès.

Toutefois, dans la combinaison des innombrables circonstances de temps, de lieux, de personnes, d'objets et d'événements qui concourent à la prospérité de l'industrie, il est facile de reconnaître qu'il existe une multitude de faits qui tiennent tout à la fois au caractère de la nation, à son génie, et sur lesquels le climat, les productions du sol, la situation géographique et commerciale exercent une influence marquée.

L'histoire des diverses nations modernes nous apprend tout ce que l'on peut attendre, sous ce rapport, des lois, des institutions, de l'éducation, et, dans les formes diverses données au développement des arts, on n'a pas de peine à retrouver l'influence particulière de ces différentes causes.

La nature conserve toujours certains signes distinctifs de son type original. Les soins de la culture peuvent introduire dans un pays des plantes dont les productions ne paraissent pas naturelles à son sol; mais l'accroissement de ces plantes, les fruits qu'elles donneront se ressentiront toujours plus ou moins de l'influence du climat; or, ce qui est sensible au physique l'est bien plus encore au moral, c'est-à-dire dans les ouvrages qui sont les créations de l'esprit : ainsi il est des terres classiques pour les arts et l'industrie, comme pour les beaux-arts, où l'on reconnaît l'empreinte du génie de chaque nation, celle de l'influence du caractère, des mœurs, du goût, des habitudes et des usages de chaque pays. Il est incontestable qu'un Vénitien, un Génois, un Napolitain, s'occupant des mêmes objets qu'un Anglais, un Allemand ou un Russe, leur ouvrage sur le même sujet aura un caractère différent.

Ces réflexions paraissent avoir une application particulière à la ville de Lyon.

Aucun genre d'industrie ne s'allie mieux que la fabrication des étoffes de soie aux deux principales sources de la richesse des nations, l'agriculture et le commerce; aucune manufacture n'exige un personnel plus nombreux, ne fournit plus de ressources au travail, au talent, n'est plus étroitement liée aux beaux-arts.

Or, aucune ville de France, et on peut dire d'Europe, n'est plus heureusement située sous ce multiple rapport.

II

Bâtie au confluent de deux grandes rivières, par le moyen desquelles elle communique à trois mers; placée sur un point d'embranchement des routes de la Suisse, de l'Allemagne, de l'Italie, de l'Espagne et des échelles du Levant, elle est, par la jonction de la Loire et du Rhône, qui est la grande voie de communication entre l'Orient et l'Occident, un point de station indiqué par la nature pour tous les peuples policés.

C'est un centre général de mouvement et d'activité qui attirera toujours à lui les capitaux nécessaires pour seconder tous les genres de commerce et d'industrie que comporte sa position.

Or, qui pourrait contester les avantages de cette position relativement au Midi de la France et aux pays étrangers qui produisent la soie? Et, dans un autre ordre de faits, quelle autre ville pourrait rivaliser avec Lyon comme multitude d'artistes éminents?

Influence du climat sur leur talent, institution d'écoles spéciales de beaux-arts, enseignement industriel pour les ouvriers, excellence des méthodes de fabrication, concentration d'un vaste ensemble de moyens de perfectionnements et enfin esprit d'ordre, d'économie et d'activité répandu dans tous les rangs de la population.

Sa situation à l'entrée des provinces méridionales de France, appelle naturellement Lyon à exercer sur la production de la soie la plus large et la plus heureuse influence, et aujourd'hui ce sont ses capitaux qui donnent la vie et impriment le mouvement aux populations des contrées montagneuses et arides dont les filatures de soie ne pourraient se soutenir sans ce concours intelligent et aussi fructueux pour ceux qui le prêtent que pour ceux qui le reçoivent : c'est dans ce grand centre, toujours ouvert aux producteurs, que viennent aboutir ces masses énormes de soie, dont la quantité toujours croissante est bien loin encore de suffire à la consommation des fabriques lyonnaises.

Comment la grande métropole de l'industrie séricicole pourrait-elle combler, au fur et à mesure de ses besoins, ce déficit si sa proximité de l'Italie ne lui facilitait l'achat des soies du Piémont et de la Lombardie.

Si de ces avantages géographiques et commerciaux, nous passons à la question artistique qui joue un si grand rôle dans l'industrie de la soie, nous n'avons pas de peine à établir que Lyon est sous ce rapport merveilleusement partagé : un beau ciel, un climat doux et salubre, un sol d'une extrême fertilité, des sites variés et charmants, une nature enfin qui pourrait sembler avoir été créée pour agir sans cesse et puissamment sur l'imagination, l'esprit et le goût; tel est, dans un rayon de dix à douze lieues, dont la grande cité occupe le point central, le magnifique spectacle qui, de toutes parts, se reproduit en se modifiant sans cesse.

C'est surtout sur les rives de la Saône, depuis Trévoux, et sur celles du Rhône, au delà de Vienne, que se succèdent ces sites incomparables. La beauté des eaux, leur mouvement tranquille ou rapide, les terrains diversement accidentés, les collines, les prairies, les rochers, la variété des cultures, tout ce que la végétation a de plus riche, semble se réunir pour donner à la nature les caractères les plus divers, pour multiplier les contrastes et varier les tableaux.

A Trévoux commence, sur les deux rives de la Saône, une suite de collines en amphithéâtre, enrichies de vignobles, de vergers, de bois, de maisons de campagne et dont les contours se dessinent avec autant d'élégance que de variété. Une nature gracieuse et souriante semble prendre plaisir à y étaler ses plus ravisantes beautés.

Lyon y occupe un point culminant et, dans ses environs immédiats, le tableau changeant de caractère présente des aspects plus sévères et plus grandioses. On sait que plus on approche des contrées méridionales, plus l'horizon semble s'agrandir et s'étendre, par suite de la transparence de l'air. C'est l'effet que l'on éprouve sur les hauteurs de Lyon dans les beaux jours d'été. On y voit se dérouler devant soi ce panorama réputé un des plus beaux de l'Europe, où les regards, se promenant sur le vaste et magnifique bassin du Rhône, se perdent dans un immense lointain coloré par des teintes de pourpre et d'azur ; au fond, le Mont-Blanc s'élève comme un dôme immense que les rayons du soleil font étinceler. Nous ne connaissons pas, pour notre part, de spectacle comparable à ces magnifiques effets de lumière, vus surtout au coucher du soleil.

En descendant le Rhône, les tableaux changent entièrement : des flots impétueux, des rives bizarrement découpées, l'aspect pittoresque des fabriques, dans le goût de celles d'Italie, ont remplacé les eaux paisibles, les vertes pelouses, les villas élégantes. On pressent l'approche d'un autre climat : la Provence, avec son soleil ardent et ses vents impétueux semble faire glisser son souffle à la fois embaumé et brûlant sur les eaux impatientes de répondre à cet appel mystérieux qui leur arrive tout chargé des puissantes émanations de la mer.

Lyon, la cité-reine de ce beau pays, devait produire, et a, en effet, produit un nombre considérable d'artistes éminents.

Le peintre Stella, le sculpteur Coysevox, les deux Coster, Chinard, Lemot ; les graveurs Audran, Edling, Drevet, Boissieux, sont les plus illustres, mais ne sont pas les seuls grands hommes que Lyon ait donnés à l'art français.

De nos jours enfin, on voit sortir de l'école de dessin et de peinture fondée à Lyon, une foule d'artistes du talent le plus distingué et, dans la majeure partie des ouvrages de cette jeune et brillante école on est frappé du rapport qui rattache la beauté du coloris et les heureux effets de la lumière aux beautés naturelles que nous avons essayé de décrire.

Mais l'école lyonnaise ne forme pas seulement des artistes proprement dits ; elle a pour but surtout de fournir à l'industrie tous les secours que l'art peut lui donner. Il y existe un enseignement spécial de dessin de fleurs et d'ornements pour la fabrique des étoffes de soie.

De ce cours sortent chaque année de nouveaux sujets qui vont alimenter cette foule de dessinateurs si utiles, si nécessaires pour assurer la variété des dessins des soieries façonnées et brochées que la mode renouvelle plusieurs fois chaque année et dont le goût et la perfection, en assurant la supériorité de la fabrication lyonnaise, font le désespoir de toutes les fabrications rivales.

On pourrait croire, en effet, que le génie français du dessin pour soieries a établi son séjour à Lyon afin d'y mettre à défi celui des autres nations, tant sous le rapport de l'originalité que sous celui de la variété des créations qu'il enfante chaque jour.

Arive-t-il qu'un fabricant étranger, après mille tentatives, mille efforts, parvienne à imiter, plus ou moins servilement, un modèle considéré comme le dernier terme de l'art, de Lyon lui arrive aussitôt une étoffe nouvelle dont la beauté et le succès surpassent ceux de la précédente : il est vaincu avant d'avoir eu même le temps d'entrer sérieusement en concurrence.

III

A côté de l'école de dessin, école que l'on peut sans crainte placer au premier rang des institutions qui contribuent le plus au maintien de la supériorité des fabriques lyonnaises est celle, beaucoup plus ancienne et peut-être plus importante encore, de la Martinière où les leçons de théorie pour les fabricants et les leçons de pratique pour les ouvriers, contribuent si puissamment au progrès de la teinture de la soie, à la perfection des tissus et au perfectionnement des machines.

L'école de la Martinière, dont l'enseignement prend chaque jour le développement le plus heureux, surtout depuis que la découverte des matières colorantes organiques est venue donner, aux applications de la chimie à l'industrie de la soie, une importance toute nouvelle, exerce la plus heureuse influence sur le développement intellectuel de la population ouvrière de Lyon, au point de vue professionnel.

Un bon tisseur doit pouvoir reconnaître immédiatement les imperfections de son métier ; pour cela il doit avoir été initié aux éléments de l'art du mécanicien. Il indiquera ainsi, s'il ne peut y remédier lui-même, les défauts de construction ; il fera plus, il cherchera, il trouvera des simplifications, des améliorations, dont l'expérience lui démontrera les avantages ; ses indications, ses conseils viendront ainsi en aide au constructeur.

Il ne faut pas croire, en effet, que le métier à la Jacquard, quelque admirable qu'il soit, ait tellement simplifié le travail du tisseur que celui-ci puisse ne plus être qu'une machine chargée d'en conduire une autre : il y aurait là une erreur que tous les faits s'accordent à démentir. Trois ou quatre ans d'apprentissage sont nécessaires à un homme intelligent pour devenir un bon ouvrier tisseur, surtout s'il s'agit des tissus façonnés.

Il faut qu'il connaisse le mécanisme complet de son métier, le rapport entre elle de chacune des pièces qui le composent ; il lui serait impossible sans cette étude préalable de combiner la position et l'usage de ces pièces avec les armures des étoffes qu'il a à monter ; il faut qu'il soit capable de corriger les fautes du tisage, qu'il ait le goût du dessin pour rectifier les contours, s'il y a lieu, en bouchant les trous superflus des cartons qui *font fautes* et en rétablissant ceux qui ont *sauté*.

Lorsque le métier est monté, l'ouvrier qui exécute a besoin d'une attention continuelle pour bien fabriquer : un seul fil de la chaîne cassé, sur un nombre qui dépasse quelquefois seize mille, cause une imperfection dans l'étoffe; ce fil rhabillé, s'il est mal passé au corps ou à sa maille dans la remisse, fait également une faute à sa marche, soit à *pas clos*, soit à *pas ouvert*, suivant la tension de la trame de l'étoffe, par le *navetage* qui lui donne l'éclat et le brillant; les soins à apporter à l'*espolinage* des boîtes du broché, souvent de vingt à trente couleurs variées, exigent un homme intelligent, doux, tranquille, sans distraction, c'est ce qu'on peut dire, en général, des ouvriers de la fabrique de Lyon.

Une classe à part dans cette intelligente et paisible corporation, est formée par les ouvriers lanceurs, ou faiseurs de châles, dont la fabrication ne peut être faite que par des hommes forts, robustes, actifs, et, pour ceux-là, comme pour les tisseurs ordinaires, Lyon défie toute concurrence, grâce à l'organisation de ses écoles spéciales de théorie et de pratique.

IV

Un autre avantage, qui est peut-être le plus considérable que peut revendiquer le grand centre industriel dont nous parlons, c'est la méthode de fabrication qui y a été de tout temps adoptée.

L'industrie de la soie, qui a pour objet des étoffes dont la consommation tient au luxe, est nécessairement sujette à des fluctuations de hausse, de baisse, et même à des interruptions qui sont le résultat d'une multitude de causes accidentelles, qu'il est aussi impossible de prévoir que d'empêcher.

Aux époques de prospérité commerciale, le nombre des métiers battant à Lyon et dans ses faubourgs est d'environ trente-deux mille; on évalue à seize ou dix-huit mille le nombre de ceux qui fonctionnent dans la banlieue; enfin celui des métiers à la Jacquard, employés au façonné en tous genres, est de vingt à vingt-deux mille. La fabrication par tous ces métiers doit procurer l'existence à plus de cent mille personnes, en y comprenant toutes les industries qui s'y rattachent; et le façonné présentant plus d'avantages dans la main-d'œuvre que l'uni, on peut porter à soixante mille le nombre de personnes que fait vivre la fabrication des vingt mille métiers Jacquard.

La masse générale des étoffes de soie produites annuellement par les fabriques de Lyon représente le chiffre énorme de 150 à 160 millions par an, à reporter entre cinq cent-cinquante fabricants patentés.

On comprend, par le simple énoncé de ces chiffres, quel mouvement de capitaux exige une fabrication aussi considérable. On peut se rendre compte en même temps quelles immenses mises de fonds nécessiteraient cette même fabrication pour ceux qui, traitant la soie comme on traite la laine ou le coton, voudraient concentrer cette industrie, divisée en tant de mains, dans un petit nombre restreint d'ateliers ou d'usines, réunissant tous les genres de manipulations nécessaires pour la complète mise en œuvre de la soie.

Dans l'organisation actuelle, les bénéfices du fabricant se composent de petites économies sur une foule d'articles dont les nombreux détails échappent souvent à l'œil du contre-maître le plus vigilant. Le succès de la fabrique qui dépendrait entièrement de l'habileté du chef, de sa fortune, de son crédit, de son expérience, serait sujet à des éventualités qui pourraient compromettre la réputation de sûreté dont la place de Lyon jouit à si juste titre dans toute l'Europe; tandis que cette fabrique se divisant entre tous les manufacturiers qui en font exécuter les travaux par des chefs d'atelier de teinture, tissage, apprêts, etc., ceux-ci qui travaillent eux-mêmes dirigent, surveillent leurs ouvriers et sont personnellement responsables de tout ce qui se manipule chez eux ou sous leurs yeux.

De plus, la concurrence qui existe entre tous ces chefs d'atelier fait naître parmi eux une constante et heureuse émulation pour la perfection de leur travail; de là résulte encore le grand avantage de la fixation du prix de façon, en raison de l'abondance ou de la rareté des commissions. Cette balance, qui s'établit naturellement entre l'ouvrier et le fabricant, maintient un juste équilibre entre les bénéfices de l'un et de l'autre.

Nous n'insisterons pas sur les avantages que, sous tous les rapports, présente ce mode de fabrication.

Une maison reçoit-elle une commande de dix, vingt, trente mille mètres d'étoffes ; en peu de jours elle met en mouvement le nombre de métiers suffisant pour exécuter sa commission. Tout est achevé en l'espace de deux à trois mois ; la livraison est payée comptant par le commissionnaire correspondant, et aussitôt le fabricant songe à d'autres travaux. Un événement imprévu vient-il ralentir la consommation, la fabrication ralentit sa marche ; une crise se déclare-t-elle, elle s'arrête, sans entraîner ces catastrophes commerciales qui sont si souvent le fléau de la plupart des grands centres industriels.

Un autre avantage, d'une importance supérieure encore à ceux que nous venons de mentionner au profit de la grande cité lyonnaise, résulte de la concentration dans le même lieu de tous les éléments possibles de bonne fabrication. Dans aucune ville du monde il n'existe une aussi nombreuse réunion de dessinateurs, de teinturiers, de mécaniciens, de tisseurs, en un mot de tous les genres d'ouvriers qui composent le vaste ensemble de l'industrie de la soie.

C'est un sujet d'émulation, de progrès, dont les produits sont appréciés et recherchés sur tous les points du globe. Le marché lyonnais est le rendez-vous de tous les amateurs de belles et bonnes étoffes.

S'agit-il d'étoffes unies ? La préférence est donnée à celles de Lyon, à un prix un peu plus élevé en raison de la supériorité de main-d'œuvre, de la beauté des couleurs et des apprêts.

Est-il question d'un choix d'étoffes pour robes,

pour modes ou pour ameublement? La supériorité des articles lyonnais est incontestée pour le goût des dessins, leur variété, l'entente, le choix des nuances et leur admirable fraîcheur.

La matière inerte semble s'animer sous les doigts habiles de cette population à la fois intelligente et laborieuse. L'activité de cette population communique la vie autour d'elle ; et à ceux qui, ayant vu Lyon au commencement de ce siècle, s'étonnent du grand nombre de travaux d'embellissement ou d'utilité publique qui l'ont en quelque sorte transformée, on peut répondre par cette vérité passée aujourd'hui en proverbe :

« Paris est la tête de la France, Lyon en est le cœur... »

VAUCANSON (Jacques de)

(1709-1781)

I

Le dix-huitième siècle fut particulièrement remarquable, à Lyon, par le perfectionnement des étoffes de soie et la célébrité universelle que leur donna le talent d'une multitude de mécaniciens, de dessinateurs et d'habiles manufacturiers, et aussi par l'invention de nombreux genres d'étoffes pour meubles et tentures, dont le bon goût, la richesse et la magnificence font encore aujourd'hui d'admirables modèles.

Trois hommes surtout prirent une part active et glorieuse à ce progrès : Vaucanson, Falcon et La Salle.

Vaucanson naquit à Grenoble, le 24 février 1709, d'une honorable famille d'artisans, dont le chef était gantier. Son goût pour la mécanique se déclara de bonne heure.

Sa mère, femme d'une piété sévère, ne lui permettait d'autres distractions que de l'accompagner le dimanche chez des amies d'une dévotion égale à la sienne. Pendant leurs pieuses conversations l'enfant s'amusait à examiner, à travers une cloison, une horloge placée dans une chambre voisine. Il en étudiait le mouvement, s'occupait à en dessiner la structure et s'ingéniait à deviner le jeu des pièces dont il ne pouvait voir qu'une partie.

Cette dernière préoccupation le suivait partout. Enfin par une sorte d'intuition naturelle, la lumière se fit pour lui: le mécanisme de l'échappement que depuis plusieurs mois il cherchait à comprendre lui apparut dans toute sa simplicité et dans toute sa puissance.

Il fit en bois une horloge qui marquait les heures assez exactement.

Ce début, vrai chef-d'œuvre si l'on tient compte de l'âge de l'enfant, de son ignorance complète des lois de la mécanique et de son manque, non moins complet, d'outils spéciaux, décida de l'avenir de Vaucanson.

— Je serai mécanicien, se dit-il à lui-même. Et il se tint parole.

II

L'horloge fut suivie d'une petite chapelle à laquelle le génie naissant de Vaucanson communiqua une sorte de vie: de petits anges agitaient leurs ailes au-dessus de l'autel devant lequel un prêtre automatique imitait quelques fonctions ecclésiastiques.

Sur ces entrefaites, des circonstances particulières l'amenèrent à Lyon; il y entendit parler d'un projet de machine hydraulique qui porterait, dans tous les quartiers de la ville, l'eau d'un des deux fleuves qui lui servent de ceinture.

Ce projet était au concours et, jusque-là, aucun plan réalisable n'avait été présenté.

Notre jeune mécanicien résolut immédiatement, en lui-même, le problème; mais telle était l'importance de l'œuvre à accomplir qu'un peu par défiance de lui-même et beaucoup par timidité, il n'osa s'en ouvrir à personne.

De retour à Paris, il court à la machine de la Samaritaine qu'il ne connaissait pas, dont il n'avait lu aucune description et quelle n'est pas sa joie en constatant que le jeu de cette machine est précisément celui qu'il a imaginé à Lyon.

Mais en acquérant ainsi la preuve de la justesse de ses vues en mécanique, il comprend plus nettement qu'il ne la fait encore, tout ce qui lui manque pour tirer un parti avantageux et utile de la singulière aptitude dont il est doué.

Il suspend tout travail pratique et consacre tout son temps, toute son intelligence à trois branches d'études qu'il juge indispensables et qui lui ont été jusqu'alors complètement étrangères: la musiquc, l'anatomie et la mécanique.

Après plusieurs années de travail assidu, Vaucanson estime qu'il peut s'accorder quelque passetemps. Le flûteur des Tuileries lui donne l'idée d'une statue armée d'un véritable instrument et en tirant des airs; il se met à l'œuvre; les railleries d'un oncle, qui traite son projet d'extravagance, le lui fait abandonner; mais il y reviendra un peu plus tard, pendant les loisirs forcés d'une longue maladie, et il réussira au point que, sans tâtonnements, sans corrections, l'assemblage des pièces qu'il a fait fabriquer par différents ouvriers, produira et les mouvements du flûteur et les sons de l'instrument.

On raconte à ce sujet que le domestique de Vaucanson, qui se tenait caché dans l'appartement, en entendant cette mélodie merveilleuse, s'élance de sa cachette, tombe aux pieds de son maître en s'écriant: « Vous êtes plus qu'un homme! »

Vaucanson, non moins ému que son ardent admirateur, le relève, le serre dans ses bras et éclate en sanglots: désormais il aura foi en son génie.

Au flûteur succéda l'automate qui jouait à la fois du tambourin et du galubet; puis ces célèbres canards qui barbottaient, allaient chercher le grain, le saisissaient dans l'auge et l'avalaient. Ce grain, suivant ensuite les principales opérations de la digestion chez l'animal, subissait dans l'estomac une espèce de trituration, et passait dans les intestins.

Ce véritable tour de force dans l'art mécanique eut un succès immense : on en parla d'un bout de l'Europe à l'autre et les félicitations, les offres, affluèrent chez Vaucanson.

Le roi de Prusse, entre autres, qui cherchait à réunir à sa cour tous les hommes remarquables de l'Europe, lui proposa les plus grands avantages s'il consentait à aller se fixer à Berlin. Vaucanson eut le patriotisme de repousser ces avances flatteuses, exemple que beaucoup trop des illustrations de son temps ne lui avaient point donné, et que tant d'autres après lui ne devaient pas suivre.

La France devait une compensation à ce généreux désintéressement ; elle ne la lui fit pas trop longtemps attendre. La cardinal Fleury, alors ministre, le nomma inspecteur des manufactures de soie.

III

A Lyon, où il s'établit à la suite de cette nomination, il s'occupa très activement, non seulement du perfectionnement des métiers à tisser, mais de tous les genres d'amélioration dont l'industrie de la soie, si compliquée, si multiple dans ses manipulations, est susceptible.

Il imagina des machines propres à donner à volonté de l'apprêt aux diverses espèces de soie, à rendre cet apprêt égal pour toutes les bobines ou tous les écheveaux d'un même travail et pour toute la longueur du fil qui forme chaque bobine ou chaque écheveau ; il imagina, en outre, les instruments nécessaires pour exécuter avec régularité et d'une manière uniforme les différentes parties de ces machines. Ainsi, une chaîne sans fin donnait le mouvement à son moulin à organsiser ; il créa une nouvelle machine pour former la chaîne en mailles toujours égales, qui est regardée comme un chef-d'œuvre.

Mais ce à quoi il s'appliqua surtout, ce fut à donner aux mouvements des grandes machines la précision si nécessaire à la régularité de leurs effets.

Aujourd'hui que l'art mécanique a fait des progrès qui l'ont en quelque sorte transformé, on est porté peut-être à ne pas tenir assez compte de la valeur des travaux qui ont marqué la période antérieure à l'emploi de la vapeur et des machines-outils.

Cette précision, que Vaucauson et ses émules n'obtenaient que par des traits de génie, est devenue en quelque sorte si naturelle dans la mécanique actuelle qu'il semble que c'est faire des grands hommes à bon marché que de tant insister sur leurs services à cet égard.

Pour bien juger de l'importance de ces services, pour apprécier les résultats qu'ils ont produit, il est bon de se rendre compte de la situation exacte de l'industrie qui nous occupe à la fin du siècle dernier.

La sômptuosité de la parure et des vêtements que nous avons montrée, ayant atteint son apogée sous le règne de Louis XIV, s'était soutenue sous Louis XV, époque à laquelle cependant les habillements masculins perdirent cette ampleur qui leur donnait une forme pittoresque et faisait si bien valoir l'élégance des tissus qui y étaient employés.

En revanche, ces tissus acquirent plus de perfection.

Mais sous le règne de Louis XVI, un certain engouement pour les modes anglaises, qui nous revenaient après avoir passé l'Atlantique, par l'entremise de ces vaillants patriotes américains dont notre ardente sympathie politique s'attachait à copier jusqu'aux manières, à la tenue et aux habits; cet engouement, disons-nous, vint entraver la marche prospère de nos manufactures de soieries auxquelles la Révolution devait bientôt apporter une ruine momentanée.

« On comprend, dit M. de Fortis, dans son étude de Jacquard, qu'en ces temps où l'usage des étoffes de soie assorties aux costumes étaient limité aux classes supérieures, par le rang et par la fortune, leur nombre ne pouvait pas être aussi considérable que de nos jours.

« Sans doute la mode y introduisait déjà des variétés; mais au lieu de milliers d'espèces d'étoffes qu'elle enfante maintenant chaque année et à chaque saison, à l'usage de toutes les classes, on ne comptait environ que deux cents genres d'étoffes, que l'on pouvait classer de la manière suivante :

« 1° Les étoffes riches brodées que l'on distinguait en petit et grand riche, riche accompagné de nuances et riche qui n'est soutenu que par des couleurs : les habits et vestes à bordures faisaient partie de ce genre. (broché en or ou en argent.)

« 2° Les étoffes brochées à nuances n'avaient de variétés que par les différents genres d'étoffes où entrent ces nuances, comme les taffetas, le gros de Tours, le satin, etc., et la partie des bouquets détachés. (broché en soie.)

« 3° Les étoffes courantes étaient le damas à une, deux ou trois couleurs, les grandes florentines, les persiennes, les raz de Sicile, les brocatelles, les brocards, quelques genres de moires, etc. Toutes ces étoffes n'employaient pas plus de trois ou quatre couleurs.

« 4° Les étoffes qui dépendaient de la petite-tire,

les droguets ordinaires, les droguets satinés, les prussiennes, les petites florentines, etc., qui étaient séparées des péruviennes grandes et petites, des droguets lisérés, des satins deux lais, etc., lesquels étaient encore séparés des étoffes façonnées, des viennoises, des taffetas lustrinés, etc., de même des moires qui dépendaient de la petite-tire.

« 5o Les velours, qui se divisaient en trois classes, les velours ciselés, qu'on appelait communément velours frisés et coupés ou velours à jardin, et les velours mignature; dans tous ces genres, on traitait séparément les velours pour habits et vestes à bordures en soie, en or ou en argent.

« 6° Les étoffes chinées, qui étaient considérées comme d'une grande difficulté dans la réussite.

« Les étoffes du genre riche, comme toutes les autres, étaient assujetties pour leur fabrication à un règlement qui en déterminait les dimensions et même jusqu'au nombre de fils qui devaient les composer. Leur exécution était confiée à la surveillance rigoureuse d'inspecteurs connus sous le nom de maîtres-gardes.

« On ne peut lire les règlements de la fabrique de Lyon sans être pénétré de l'esprit de sagesse qui les avait dictés : ils étaient le fruit de l'expérience des hommes les plus versés dans l'art des manufactures et leurs dispositions étaient si exactement exécutées que lorsqu'un consommateur ou un marchand recevait en France, ou à l'étranger, un damas, un gros de Tours, un velours, un brocart d'or ou d'argent, un satin, il était sûr du poids, de la dimension et de la qualité des étoffes.

« On sent quelle haute importance les manufacturiers de Lyon devaient attacher au maintien de cette réputation de bonne foi dont jouissaient leurs étoffes. Ils apportaient donc la plus grande attention à ce que les règlements d'apprentissage fussent exactement suivis, afin de ne pas laisser péricliter la supériorité reconnue de leurs ouvriers. »

Mieux que personne, Vaucanson comprenait cette importance, aussi la fabrique de Lyon trouva-t-elle toujours en lui le défenseur intègre de ses droits et de ses usages.

Toujours impartial, il soutenait ce qui lui semblait juste, que ce fût au profit des fabricants ou à ceux des ouvriers. Les ouvriers lui en savaient bon gré; ils étaient flattés aussi dans leur amour-propre et dans leurs aspirations à monter ou à faire monter leurs enfants à un degré supérieur de l'échelle sociale, par l'origine plébéienne de cet homme si considéré, si admiré, mais qui cependant n'avait ni cherché à faire oublier, ni oublié lui-même ses modestes débuts dans la vie.

La population lyonnaise, comme on dit aujourd'hui, patrons et ouvriers, était donc généralement animée pour Vaucanson de sentiments bienveillants et même affectueux, sur la durée desquels il avait toute raison de compter.

Il ne fallut cependant qu'un incident, — un nouveau bienfait qu'ils repoussèrent comme une menace et un péril, — pour détacher de lui la partie la plus nombreuse de cette population : la partie ouvrière tout entière.

Vaucanson crut mettre le sceau à son œuvre de

perfectionnement en annonçant, non plus de simples améliorations dans les métiers à tisser, mais une transformation complète, c'est-à-dire la suppression du tir des lacs. Un frémissement de colère parcourut comme un courant électrique toute la ville.

Supprimer les tireurs de lacs! Détruire dans sa source ce fléau de l'industrie lyonnaise! Rendre à des centaines, à des milliers de pauvres petits êtres, condamnés au rachitisme moral et physique, la force et la santé! (1)

Cette heureuse innovation sembla à ces hommes aveuglés par la crainte de voir diminuer le salaire de la famille, un crime irrémissible.

Au lieu de remercier, de bénir ce bienfaiteur qui proposait de délivrer les générations à venir d'un labeur qui avait si cruellement asservi les générations passées, ils le poursuivirent de leurs cris, de leurs menaces, de leurs violences.

Vaucanson dut quitter Lyon. En partant, il laissa pour adieux à ses persécuteurs, la plaisante boutade que voici :

— Vous prétendez, dit-il, que vous seuls êtes capables d'exécuter un dessin ; eh bien ! je vous prouverai le contraire en en chargeant un âne.

Il construisit, en effet, une machine avec laquelle un âne exécutait une étoffe à fleurs.

Peut-être pensait-il par là mettre fin à une instance ouverte auprès du gouvernement, à l'effet d'obtenir certains nouveaux privilèges pour la corporation des

(1) *Voir* plus loin, dans la notice de Jacquard, la situation qui était faite aux tireurs ou tireuses de lacs.

ouvriers en soieries, instance qui s'appuyait sur la somme d'intelligence que doit posséder un tisseur en soie.

Nous ne savons quelle influence la plaisante preuve donnée par Vaucanson exerça sur la détermination prise, mais nous avons trop bonne opinion de l'esprit de justice de Vaucanson pour qu'il ait pu un instant douter de l'importance, même avec la machine la plus parfaite, du bon goût et de l'habileté de celui qui la dirige.

L'intelligence de l'homme sera toujours nécessaire pour donner la vie à son œuvre, quelle qu'elle soit ; et cette nécessité s'accusera d'autant plus que le métier exercé se rapprochera davantage de l'art.

Quoi qu'il en soit, la machine construite par Vaucanson, à la suite de son défi, manœuvra, paraît-il, fort bien.

On peut la voir encore au Conservatoire des Arts et Métiers à Paris, où elle a été conservée avec une partie du dessin qu'elle exécutait.

Dans la même galerie se trouve le dépôt des modèles légués par l'illustre mécanicien au Conservatoire.

Vaucanson s'occupa ensuite, mais en secret, d'une idée à l'exécution de laquelle Louis XV s'intéressait : la construction d'un automate dans l'intérieur duquel devait s'opérer tout le mécanisme de la circulation du sang ; mais l'exécution des ordres que le roi avait donnés pour que les matériaux nécessaires lui fussent fournis, ayant rencontré sinon des obstacles, tout au moins des lenteurs décourageantes, le célèbre mécanicien abandonna ce projet.

Les dernières années de sa vie s'écoulèrent dans un continuel état de souffrance. Bien que très affaibli et sachant parfaitement que son mal était incurable, il conserva jusqu'à la fin toute son activité.

La mort le frappa alors qu'il était encore occupé à faire construire la machine qu'il avait inventée pour composer sa chaîne sans fin.

Ses biographes insistent sur l'impatience avec laquelle il pressait les ouvriers :

— Ne perdez point de temps, leur répétait-il souvent, je ne vivrai peut-être plus assez pour expliquer toute mon idée.

Il mourut le 21 novembre 1781, laissant dans sa famille, parmi ses amis, et au sein de l'Académie des sciences, dont il était membre, d'universels regrets.

LA SALLE (Philippe de

(1723-1804)

Philippe de La Salle, né à Seyssel, près Gex, eut le rare mérite de réunir, à un haut degré, deux talents que l'on croyait incompatibles : il fut un dessinateur élégant et un mécanicien ingénieux et habile.

Après avoir reçu ses premières leçons de dessin de Sarrabas, peintre d'histoire à Lyon, La Salle alla à Paris et entra dans l'atelier de Boucher.

La manière de ce maître était peu en harmonie avec les idées que le jeune homme se faisait de l'art dont le but et le mérite étaient, pour lui, de représenter aussi fidèlement que possible la nature.

Il résolut de ne plus s'inspirer que des grands modèles de l'antiquité et il partit pour Rome.

Un temps d'arrêt qu'il fit à Lyon modifia ses desseins et décida de son avenir.

M. Charryé, négociant distingué, eut occasion de le recevoir chez lui. Frappé de la gracieuse facilité de son talent, de la justesse et du sérieux de son esprit, il lui offrit de l'attacher à sa maison.

Bientôt après, il l'associait à son commerce et lui donnait sa fille en mariage.

A partir de ce moment le jeune peintre se consacra exclusivement à la peinture des fleurs et à l'exécution de dessins pour étoffes brochées.

Il n'avait pas trente ans quand son talent, déjà célèbre, lui fit obtenir, à titre d'encouragement et de récompense, une pension de l'Etat.

Il redoubla d'efforts et concentra toute la puissance, toute l'ingéniosité de son profond esprit d'observation sur la fabrication des étoffes de soie.

Cette fabrication, à cette époque, était bornée aux tissus destinés aux vêtements et aux ornements du culte. La Salle imagina d'y ajouter les étoffes pour meubles et tentures.

Il ne craignit pas d'essayer d'obtenir par la navette la reproduction d'hommes, d'animaux qu'on n'avait jusqu'alors demandés qu'à l'industrie de la tapisserie. Il réussit à reproduire en broché les portraits de Louis XV et de l'impératrice de Russie.

Son succès fut complet.

La cour de Russie lui commanda un mobilier entier en soie.

Ces ouvrages et une multitude d'autres, dont la perfection porta à son apogée la renommée de la fabrication lyonnaise, fixèrent l'attention de Turgot, qui envoya à leur auteur le collier de Saint-Michel et une pension de 6,000 livres.

Disons de suite que ce n'était pas seulement à l'élégant dessinateur, à l'intelligent et habile manufacturier que s'adressaient ces marques de distinction.

La Salle avait fait plus pour l'industrie lyonnaise que de lui créer une branche nouvelle d'action, et de la doter de modèles admirables, il avait apporté à son outillage de précieuses modifications.

L'art des étoffes brochées tel qu'on le pratiquait alors, avait des inconvénients graves.

Par suite de préparatifs dont nous donnerons le détail en parlant du métier Jacquard et de la nécessité, une fois l'étoffe fabriquée, de démonter le métier sans rien pouvoir conserver de cette longue mise en train, rendaient la production lente et coûteuse.

La Salle imagina, grâce à un système de planchettes de dimensions parfaitement égales que l'on appliquait instantanément au métier, de conserver les cordes dans le même état et de les remettre en place en peu de minutes, ce qui permettait de suspendre et de reprendre à volonté, et selon le besoin, la fabrication du même dessin.

Les dessins numérotés avec leurs cordes correspondantes et prêtes à opérer, restaient déposées dans un magasin spécial. A chaque demande nouvelle, on allait les prendre dans leur casier, on les accrochait au métier et au lieu d'attendre deux ou trois mois la mise en train du tissage, presqu'à l'instant la navette reprenait son jeu. Le consommateur n'avait pas à attendre le tissu désiré ; pas un centime de capital ne restait improductif, pas un mètre d'étoffe ne courait le risque de rester invendu.

C'est à cette occasion surtout que Turgot, si

éclairé sur l'économie des capitaux et du temps, accorda toute son estime et toute sa faveur à La Salle.

Necker ne le tînt pas en moins grande considération ; il l'autorisa à monter ses métiers aux Tuileries et à y faire la première application de navettes volantes destinées à fabriquer des gazes et d'autres étoffes de toute largeur.

Cette heureuse innovation, malgré la publicité et en quelque sorte le caractère officiel qui lui fut ainsi donnée, non seulement devait être contestée à son inventeur, mais plus tard elle fut ramenée en France comme d'origine anglaise.

Il est juste d'en rendre l'honneur à La Salle et à la France qui l'en a récompensé le 1er mai 1780, en accordant, par brevet, à Mme La Salle, la réversion du tiers de la pension de son mari (1).

La Salle s'occupa ensuite de rendre la construction de son métier moins dispendieuse et plus facile, en inventant des matrices par lesquelles les planchettes semblables qui servent à rapporter les dessins sur le métier, sont percées régulièrement, promptement et presque sans frais.

Cette innovation lui mérita la grande médaille d'or destinée aux travaux les plus utiles au commerce (2).

A l'ère de prospérité dont nous venons d'esquisser les traits principaux succéda, pour La Salle,

(1) *Moniteur universel*, 2 avril 1804, Notice sur de La Salle.

(2) Ces machines furent achetées plus tard, ainsi que le modèle du métier de La Salle, par la ville de Lyon qui les a déposées dans son Conservatoire.

comme pour tous les fabricants et les ouvriers lyonnais, une période d'épreuves cruelles, amenée par les événements publics. Les ateliers d'où étaient sorties tant de merveilles d'art furent impitoyablement ravagés; la pension de l'industrieux inventeur fut diminuée d'abord, et bientôt après complètement suspendue. Pour pouvoir reconstruire ses machines, seule perte qu'il eut regrettée, il dut vendre des meubles et des objets d'art longuement et soigneusement collectionnés.

Le courage, l'énergie, les efforts de ce travailleur infatigable ne furent pas étrangers au rapide relèvement du commerce lyonnais.

Ne comptant ni avec les sacrifices, ni avec les peines, ni avec les déceptions, toujours si nombreuses dans les circonstances aussi difficiles que celles où se trouvait alors placée notre industrie nationale, on le trouvait toujours le premier à l'œuvre, toujours prêt à faire participer ceux qui l'entouraient au moindre progrès obtenu.

Sa bienveillance était inépuisable; il eut voulu réunir en sa main toutes les misères, toutes les souffrances de l'humanité pour les soulager; c'est ainsi que dans les dernières années de sa vie, couché malade sur un lit de douleur, il imagina et fit construire un lit mécanique propre à faciliter le pansement des blessés et à leur procurer le sommeil si nécessaire dans leur état de souffrance. Ce lit se prête à toutes les positions que le médecin ou le chirurgien peuvent désirer et que réclame la commodité du malade.

A la même époque, et toujours préoccupé du

désir de diminuer la peine des travailleurs, il construisit pour les soies un moulin et un tour plus parfaits que ceux qui étaient en usage.

Un logement lui avait été accordé, à titre de récompense nationale, dans les bâtiments de Saint-Pierre à Lyon. C'est là qu'il mourut le 13 février 1801 au milieu des machines qu'il y avait fait transporter, auxquelles il travaillait encore et qu'il a léguées au Conservatoire.

Près d'expirer, il demanda la minute de cette donation et la signa d'une main tremblante. Il s'éteignit ensuite entre les bras de la bien-aimée compagne de sa vie (1).

(1) La Salle n'avait eu qu'une fille de cette heureuse union : mariée à un honorable fonctionnaire, Mme Thierriat.

JACQUARD

(1782-1834)

I

Parmi les divers genres d'industries qui appartiennent plus particulièrement au goût et au génie de la nation française, aux talents de ses artistes et plus spécialement à la ville de Lyon, il n'en est point, dit le biographe de Jacquard, qui va nous servir de guide dans cette étude (1) qui ait acquis une prééminence plus marquée que ces admirables tissus dont la richesse et la magnificence font l'ornement des palais les plus splendides. Il n'y en a aucun, qui, se prêtant à tous les usages, se reproduise sous une plus grande diversité de forme et de couleurs.

Les plus simples étoffes de soie comme les plus riches ont, dans l'infinie variété de leurs nuances, une fraîcheur, un éclat, une magnificence qui n'appartiennent à aucun autre genre de tissu.

(1) M. de Fortis. *Éloge historique de Jacquard.*

Dans les étoffes façonnées et brochées, tout ce que la nature ou l'art offrent à notre admiration a été reproduit; les ornements de tous genres, fleurs, fruits, animaux, paysages, figures, portraits, tableaux d'histoire, tout y a été retracé avec une vérité qui a surpassé les plus délicats produits de la broderie et les a remplacés avec une immense économie; on y a reproduit l'éclat des métaux, et on a imité plusieurs effets de la peinture, de la gravure et même de la typographie avec une précision qui défie le plus habile pinceau.

C'est dans cette fabrication, qui attire tant de richesses de l'étranger en France, et particulièrement à Lyon, que Jacquard nous apparaît comme une de ces notabilité éminentes, universelles, dont le nom et la mémoire sont inséparables, dans l'histoire de chacune des industries humaines, du progrès à poursuivre aussi bien que du progrès accompli.

L'invention de Jacquard, en effet, trace, au commencement de notre siècle, une profonde ligne de démarcation entre le passé et l'avenir; elle a marqué une ère nouvelle de progrès général.

Depuis trois quarts de siècle on entend le nom de Jacquard retentir dans tous les lieux où il existe des manufactures de tissus : en France comme en Angleterre; à Moscou, à Saint-Pétersbourg comme à Rome et à Naples; en Amérique comme dans les Indes, et le temps, au lieu d'amoindrir et d'emporter dans sa marche inflexible cette puissante renommée, lui donne chaque jour une extension plus grande.

Mais si le nom de Jacquard est partout en honneur, sa vie peut-être n'est pas suffisamment connue. Dans la plupart des récits qui en ont été faits, se sont glissé des faits erronés, des accusations fausses, des appréciations injustes; nous allons essayer, en nous servant du travail d'un témoin et d'un appréciateur impartial de la vie, des travaux de l'illustre ouvrier lyonnais, de l'accueil fait à ses travaux et du concours qui leur fut ou prêté ou refusé, nous allons, disons-nous, essayer de faire connaître l'homme, apprécier l'œuvre et mettre en lumière la part véritable prise par la ville de Lyon à l'invention qui a si grandement contribué à sa prospérité et à sa gloire industrielle.

II

Joseph-Marie Jacquard naquit à Lyon, le 7 juillet 1782; son père, Jean-Charles Jacquard, était maître ouvrier en étoffes brochées d'or, d'argent et de soie; sa mère, Antoinette Rive, était liseuse de dessins.

La vie des hommes qui, ayant reçu de la nature une mission à remplir s'y préparent à leur propre insu et, sans se douter qu'ils sont destinés à former époque dans les sciences ou les arts, présente dans leur jeunesse, des circonstances qui révèlent l'instinct ou plutôt le génie particulier dont ils sont doués.

La jeunesse de Jacquard offre, à cet égard, des rapprochements curieux avec celle de Vaucanson.

Dès sa plus tendre enfance le petit ouvrier lyonnais montra le goût le plus marqué pour la mécanique. Tous ses moments de loisir étaient employés à faire des machines propres à divers usages et à imiter tout ce qu'il voyait : de petits meubles, de petites maisons de bois, des tours, des églises sortaient de ses mains comme par magie, et dans tous ces objets on remarquait une étonnante exactitude de proportions.

Notre petit mécanicien débuta dans la vie laborieuse comme apprenti relieur et l'on se demande par quelle singularité, dans une ville où les occupations si variées des manufactures de soieries, ouvrent un si grand nombre de voies au talent et à l'industrie, l'enfant n'entra pas préférablement dans l'atelier de son père ou dans celui de quelque teinturier ou mécanicien en renom ?

Il est vraisemblable que quelques circonstances de sa vie, restées ignorées, contrarièrent ses goûts ou influencèrent la volonté de ses parents ; nous savons seulement qu'ayant quitté la reliure pour la fonderie des caractères d'imprimerie, il entra dans les ateliers de M. Saulnier, et s'y distingua par son ingéniosité à inventer de nouveaux outils à l'usage des imprimeurs, outils adoptés aussitôt à titre de perfectionnement.

Ce succès l'encouragea, et il s'occupa avec le même succès d'améliorer l'outillage de la coutellerie.

L'état d'obscurité, de pénurie dans lequel Jacquard a vécu jusqu'au moment où son invention lui apporta la célébrité, sa timidité naturelle, sa défiance de ses propres lumières, sa répugnance à se montrer, à parler de lui, ont malheureusement laissé dans l'ombre la plupart des circonstances de sa vie, celles même qui se rattachent le plus intimement à ses travaux.

Il est néanmoins certain que toutes ses idées étaient tournées vers la mécanique, qu'il s'en occupa constamment et fit une étude particulière du métier à sangles. Déjà, bien avant 1790, il avait conçu l'idée de la suppression du tir des lacs (1).

Les événements politiques vinrent apporter un temps d'arrêt aux travaux de Jacquard, et peu s'en fallut qu'ils n'en arrêtassent complètement le cours.

L'état d'anarchie qui devait amener le célèbre soulèvement de la grande cité avait porté le paisible inventeur à s'éloigner de Lyon, et il était occupé à l'exploitation d'une carrière de plâtre du Bugey lorsque lui parvint l'appel aux armes fait à ses concitoyens. Il court aussitôt dans leurs rangs ; nommé sous-officier, on le voit choisir toujours les postes les plus avancés, les plus périlleux et, pendant toute la durée du siège, y faire simplement et vaillamment son devoir, ayant à ses côtés son fils, âgé de quinze ans.

(1) La preuve de ce fait se trouve dans l'exposé de la demande du brevet d'invention qu'il obtint le 23 décembre 1801 Jacquard y établit que déjà, en 1790, il avait inventé un mécanisme ayant pour but ce perfectionnement. Il s'y étend sur les inconvénients du métier à sangles, sur le plan et les avantages de son nouveau métier. Les détails qu'il donne ne laissent pas le moindre doute sur les études, les observatoins, les expériences qu'il avait faites à ce sujet.

Nous n'avons ici ni à raconter, ni à apprécier cet épisode bien connu de l'histoire de la Révolution; en ce qui concerne notre héros, il nous suffit de dire que lorsque après cinquante-cinq jours de siège, Lyon succomba sous les efforts d'une armée de près de cent mille hommes, Jacquard dut au courage qu'il avait montré d'être porté sur la longue liste de proscription dressée par les vainqueurs. Il eut le bonheur d'échapper aux poursuites dirigées contre lui.

Son fils qui, à la faveur de sa jeunesse, pouvait circuler librement dans toutes les parties de la ville, connaissait seul l'asile où il s'était réfugié et l'y visitait fréquemment. Un jour il fut suivi et un mandat d'arrêt, qui devait être exécuté le lendemain au lever du soleil, fut décerné contre le proscrit.

Le jeune homme a le rare bonheur d'être informé du danger qui menace son père. Une inspiration soudaine, une de ces inspirations qui fait pénétrer la sagesse, le sang-froid, la décision, dans une âme d'enfant, lui montre une voie de salut; il court au bureau des enrôlements militaires.

— Un camarade et moi, nous voulons rejoindre le régiment qui vient de quitter Lyon pour se rendre à Toulon; je viens vous demander deux feuilles de route.

Les noms donnés sont inscrits, les feuilles de route sont délivrées au jeune homme, qui, aussitôt la nuit venue, se rend auprès de son père.

— Je viens de m'enrôler, lui dit-il, et de t'enrôler aussi, partons immédiatement.

Et avant que Jacquard soit revenu de son étonnement, il lui raconte en quelques mots le péril qui le menace,

Quand le soleil se leva, il trouva le père et le fils cheminant rapidement sur la route de Toulon, feuille de route en poche, et les agents chargés de l'arrestation de Jacquard se dirigeant vers une retraite qu'ils devaient trouver vide.

Le régiment, rejoint par les deux fugitifs, était celui de Rhône-et-Loire. Jacquard s'y fit aimer et estimer. Nommé membre du conseil de discipline, il eut, en cette qualité, la surveillance d'un certain nombre de disciplinaires prisonniers dans un petit village près de Hagueneau.

Tout à coup on entend gronder le canon :

— Camarades! s'écrie Jacquard, qui m'aimes me suive! et je promets rémission à qui ira demander un fusil pour se battre!

Nul ne demeura en arrière; chacun réclama une arme et chacun en fit si bon usage que tous furent grâciés.....

Quelque temps après, Jacquard et son fils combattaient l'un à côté de l'autre. Le père voit chanceler son enfant; il veut le soutenir, et il s'aperçoit avec épouvante qu'il ne tient dans ses bras qu'un cadavre: une balle avait traversé ce jeune et brave cœur.

Ce coup terrible était au-dessus des forces du malheureux père; il tomba malade, obtint son congé et regagna ses foyers.

Ses foyers! Ils n'existaient plus; les suites de la guerre civile avaient fait disparaître sa maison comme celle de tant d'autres: l'incendie l'avait dévorée, et sa femme, qu'il n'avait pu ni prévenir de sa fuite, ni informer de sa nouvelle retraite à l'ombre glorieux du drapeau national, avait, de son côté, disparu sans laisser aucune trace de son sort.

Après l'avoir cherchée pendant plusieurs jours, il la trouva enfin, occupée dans un grenier à tresser de la paille pour la fabrication des chapeaux communs.

Une généreuse fille, qui s'était dévouée à son service, partageait ce travail qu'elle lui avait procuré.

La reconnaissance de Jacquard devait plus tard récompenser libéralement ce dévouement : elle ne quitta jamais la maison de ces maîtres de choix auxquels le malheur l'avait attachée plus fortement que la prospérité n'attache les serviteurs ordinaires, et ce fut elle qui, après avoir soigné les dernières années de Mme Jacquard, reçut dans la petite maison d'Oullins, où s'abrita sa paisible vieillesse, les derniers soupirs du grand inventeur.

III

Au moment du retour de Jacquard, toute la population manufacturière de Lyon était dans un état de détresse difficile à peindre ; le brave ouvrier se vit réduit, pour se procurer des moyens d'existence, à partager le travail des deux femmes.

Lyon offrait le plus affligeant tableau : les étrangers, aussi bien que les Français et les Lyonnais eux-mêmes, paraissaient persuadés que la grande cité avait à tout jamais perdu sa magnifique couronne industrielle. On comptait, comme on l'a fait depuis pour la France entière à la suite d'une guerre désastreuse, sans cette énergie, cette force vitale qui sont en même temps pour nous un don précieux et une gloire nationale.

Le relèvement fut aussi rapide, aussi complet que la chute avait été prompte et terrible. Les Lyonnais, qui s'étaient retirés en pays étranger, emportant avec eux le secret de leur fabrication et de leur ancienne prospérité, abandonnèrent aussitôt qu'ils purent le faire avec quelque sécurité et sans égard aux avantages qui leur étaient assurés, les établissements qu'ils avaient formés pour rentrer dans leur chère ville natale.

Tout y portait encore les traces de la guerre, de l'incendie; des ruines les environnaient; des âmes découragées les accueillaient avec cette morne indifférence qui suit pour les vaincus les grandes crises. Leur retour, leur confiance dans le génie de la France qu'ils rapportaient intacte et qu'ils surent faire revivre autour d'eux, ramenèrent tous les esprits; ce fut comme une de ces étincelles électriques qui, en se communiquant de proche en proche, peuvent produire en un instant un immense embrasement. L'antique métropole de l'industrie de la soie secoua sa torpeur et affirma, par sa fière attitude, la vitalité et la puissance de ses institutions et de son génie.

Jacquard touchait alors à cette époque de la vie où, las des tâtonnements et des hésitations de la jeunesse et de la première période de l'âge mûr, on n'aspire plus qu'à suivre résolument sa première voie et à recueillir le fruit de ses travaux.

Entraîné par son goût invincible pour la mécanique, et bien que ses essais précédents n'eussent jamais reçu le moindre encouragement, il se mit en relation avec quelques manufacturiers qui cherchaient les moyens, par des procédés d'économie de main-d'œuvre, de lutter avantageusement contre la concurrence étrangère, concurrence qui devenait chaque jour plus redoutable.

Jacquard fit le modèle d'un nouveau métier pour la suppression du tir des lacs; et, en septembre 1801, il le présenta à l'exposition. A la fin de cette même année, il prenait un brevet d'invention après avoir obtenu, lors de la distribution des récompenses, une médaille de bronze.

Jacquard fit aussitôt sur ce modèle un métier qui, en 1802, était déjà considéré par les hommes compétents « comme méritant de fixer l'attention du gouvernement et des manufacturiers. »

IV

Ici vient se placer une autre invention de bien moins d'importance sans doute au point de vue général de notre industrie, mais qui ne mérite pas moins toute notre attention, et par elle-même et par l'influence qu'elle exerça sur la destinée de Jacquard et sur l'avenir de ses machines à tisser.

La recherche des moyens de faire mécaniquement le nœud du filet, qui ne s'était jusqu'alors fait qu'à la main, était depuis longtemps poursuivie en Angleterre, et la Société royale des arts de Londres avait cru devoir promettre une récompense considérable à l'heureux inventeur d'un métier à cet usage.

Bien que la question eût en France une importance moindre que dans les Iles Britanniques, cependant les résultats économiques à obtenir semblèrent assez importants au gouvernement et à la Société d'encouragement à l'industrie nationale, pour que le même concours fût ouvert à Paris.

Jacquard entendit par hasard parler de ce concours; son génie de mécanicien prit aussitôt l'éveil; il ébaucha un mécanisme, le retoucha, le modifia et finit par se convaincre qu'il avait trouvé la combinaison cherchée.

Telles étaient toutefois sa modestie et son désintéressement, qu'au lieu de songer à tirer parti de sa belle découverte, il se borna à en entretenir quelques amis; puis satisfait de savoir qu'il avait résolu en principe, le problème qui eût pu se transformer pour lui en une source de fortune et de renommée, il mit de côté le petit modèle qu'il avait simplement ébauché et n'y pensa plus.

Ses amis furent moins oublieux; grâce à leurs éloges, la petite machine de leur camarade acquit vite assez de célébrité pour que la nouvelle en parvint jusqu'au préfet, qui fit appeler Jacquard, et envoya au gouvernement le détail des essais de ce métier faits en sa présence et sous les yeux de plusieurs mécaniciens et fabricants de Lyon.

Jacquard fut aussitôt mandé à Paris. Carnot, chez qui il fut d'abord conduit, le reçut assez mal :

— C'est donc toi, lui dit-il, qui prétends réussir à une chose qu'il n'appartient à aucun homme de faire, c'est-à-dire un nœud avec un fil tendu?

On prétend qu'en réponse à cet espèce de défi, Jacquard, brisant un tabouret et s'emparant d'un peloton de ficelle placé sur le bureau du ministre, construisit et fit manœuvrer en quelques instants une ébauche de son métier, de telle sorte que le ministre incrédule dut se déclarer convaincu.

On ajoute que le premier consul, qui avait assisté comme témoin muet à cette scène, félicita vivement le modeste ouvrier, et lui ouvrit, dès ce même jour, et à deux battants, les portes du Conservatoire des Arts et Métiers.

Ce qu'il y a de certain, c'est que la fortune de Jacquard et celle non seulement de l'appareil dont nous parlons et du métier pour la suppression des lacs, mais, ce qui est bien autrement important, celle des métiers perfectionnés, — peut-être devrions-nous dire parfaits, — qui ne sortirent que plus tard des mains du célèbre inventeur, datent de ce moment.

Au Conservatoire, où il fut appelé à réaliser ses idées sur une grande échelle, plusieurs ouvriers habiles furent placés sous ses ordres, et bientôt, en présence de toutes les notabilités des arts mécaniques, il put faire la démonstration de son modèle, qui fut déclaré susceptible d'être utilisé industriellement parlant, moyennant quelques légers perfectionnements.

L'aisance avec laquelle Jacquard admirait les chefs-d'œuvre de l'art mécanique réunis au Conservatoire, la prompte intelligence avec laquelle, à première vue, il en saisissait les combinaisons les plus mystérieuses; l'art singulier avec lequel il en devinait les principes et les appropriait à ses propres travaux, étaient, pour ceux qui en étaient témoins, l'objet d'une profonde admiration.

Qu'on se représente en effet ce simple ouvrier, dont l'esprit n'a point été préparé par des études de physique et de géométrie, saisissant tout à coup ce qu'il y a de plus difficile et de plus compliqué dans des machines dont l'existence, remontant à plusieurs siècles, a été successivement l'objet des études d'habiles mécaniciens; son intelligence lui fait apercevoir des combinaisons nouvelles; il se sent certain de pouvoir faire ce que nul encore n'a essayé en France; ce que les Anglais ont inutilement cherché. Il découvre un secret pour lequel cette nation, éminemment industrielle, a fait appel au talent des hommes de tous les pays.

A la suite de cette épreuve, Jacquard fut chargé d'appliquer ses procédés à la fabrication de métiers pour les étoffes de soie. Il travailla pendant plusieurs années au Conservatoire sous la direction de M. Molard, qui en était directeur.

Pendant cette période, il compléta ou inventa plusieurs machines : les unes destinées au métier à barre, les autres à la fabrication toute particulière du ruban à deux faces, qui se fait à Saint

Étienne; d'autres enfin à des métiers d'étoffes de coton à plusieurs navettes.

Après avoir rendu de grands services à l'industrie du tissage, et s'être préparé à lui en rendre de plus signalés encore, Jacquard revint à Lyon, aussi simple, aussi modeste qu'il en était parti. Lui qui aurait pu gagner une fortune en portant aux Anglais le secret du métier à filet, il s'était estimé heureux d'en faire un hommage gratuit à sa patrie.

Il n'avait rien demandé, rien désiré de plus, en échange de ses travaux, que la facilité qui lui était donnée de puiser librement ses inspirations dans les merveilles de mécanique accumulées au Conservatoire et de se servir d'outils et d'ouvriers de premier choix pour réaliser ses propres idées.

Il se trouvait amplement dédommagé et il avait raison : quelles richesses lui eussent été plus profitables que cette éducation artistique qui, après avoir manqué à sa jeunesse, lui était si libéralement départie au déclin de la vie ?

A son retour à Lyon, il montra la même modération dans ses désirs.

Il se déclara amplement satisfait lorsque les administrateurs de l'hospice de l'Antiquaille, qui avaient conçu le projet d'y établir une fabrique, lui proposèrent le logement et la table pour lui et sa femme s'il consentait à en surveiller l'installation et, ensuite, à en diriger les travaux.

Tout en remplissant avec une exactitude et une fidélité scrupuleuse ses fonctions, Jacquard s'occupa activement de faire adopter son métier dans les fabriques de Lyon.

Il trouva un appui très bienveillant en la personne de M. Camille Pernon, dont le souvenir toujours vivant à Lyon est inséparable de celui de la fabrication la plus parfaite, à cette époque, des étoffes de luxe et dont le rôle politique fut considérable.

Personnellement connu de Napoléon, qui appréciait son mérite et son honorabilité à leur valeur, M. Pernon fut d'un grand secours à Jacquard, non seulement en introduisant ses métiers dans sa fabrique, mais en lui obtenant du gouvernement et de l'administration tout l'appui possible.

Il y avait alors trois genres de métiers pour la fabrication des étoffes façonnées, et chacun de ces métiers exigeait le concours de deux personnes pour le faire marcher, le tisseur et le tireur de cordes.

Ces métiers étaient, d'abord celui à samples de Vaucanson, généralement connu sous le nom de métier à la *Falcone*; les deux autres étaient ceux à samples et à accrochage, perfectionnés par La Salle, dont les talents comme fabricant et mécanicien avaient formé époque à la fin du XVIIIe siècle (1).

Il arrivait dans l'emploi de ces métiers que la hauteur de certains dessins et le grand nombre de lacs exigeaient deux cassins et, conséquemment, deux tireurs de cordes indépendamment du tisseur. C'est cette adjonction de tireurs de cordes, adjonction

(1) C'est au moyen de ce dernier métier que, jusqu'à l'adoption de celui de Jacquard, étaient exécutées les belles étoffes de M. Pernon, dont les successeurs, MM. Grand frères, devaient soutenir avec une si haute distinction la réputation européenne.

coûteuse au point de vue de la main-d'œuvre et déplorable au point de vue de l'hygiène et de la santé des ouvriers qui y étaient employés, que Jacquard avait en vue de supprimer, et cette économie si importante, cette amélioration si grande, ce service immense, en un mot, rendu à la fabrication des soieries, et à toute une des classes d'hommes qui y sont employés, furent admirablement réalisés par lui.

A l'apparition du premier métier de Jacquard, M. Grand en précisa très exactement le mérite : « Jacquard, dit-il, a puisé l'idée de sa découverte dans le métier à la Falcone de Vaucauson, lequel marche au moyen de cartons poussés horizontalement par une personne assise à droite de l'ouvrier, faisant la même fonction que le tireur de cordes du métier à samples et à rames. La marche du métier, le lisage et le perçage des cartons appartiennent donc incontestablement à Vaucanson ; mais comme dans ce qu'a laissé cet habile mécanicien, rien ne permet de penser que, poussant plus loin ses recherches, il ait eu l'idée de supprimer la manœuvre du tireur de lacs par un nouveau mécanisme, tout le mérite de cette admirable invention est acquis à Jacquard. »

Il reste donc incontestable que c'est à lui que l'industrie de la soie doit la simplification qui ne tarda pas à ouvrir des voies nouvelles à la fabrication des étoffes de luxe (1).

(1) En adaptant à ses métiers la méthode du lisage des dessins et du perçage des cartons imaginée par Vaucanson,

Stimulé par ces encouragements, notre inventeur résolut de donner à ses métiers toute la perfection dont il les sentait susceptibles. M. Grand, alors à la tête de la fabrique de M. Pernon, lui prêta le concours le plus utile : il lui fit remarquer tout d'abord le mouvement gêné des crochets et la marchure pénible pour l'ouvrier, résultat du va-et-vient du chariot à roulettes qui emboîtait les cartons et opérait une trop grande pression du cylindre contre les aiguilles.

Il fallait trouver un moyen de maîtriser, de régulariser le jeu des crochets. Un ouvrier tisseur et mécanicien, nommé Arnaud, suggéra à Jacquard, dont le génie mécanique se trouvait cette fois en défaut, l'idée d'employer à cet effet des élastiques.

L'idée était bonne. A ce premier perfectionnement, Breton, mécanicien également employé par Jacquard, en ajouta un second non moins important : la suppression du chariot, qui fut remplacé par la presse mobile à ressort qui a fait depuis partie de tous les métiers à la Jacquard.

V.

Nous allons ici nous séparer de l'opinion généra-

mais dont le résultat était peu utile dans le métier à la Falcone, Jacquard n'a pas seulement fait un emprunt à son illustre devancier ; il a, si nous osons ainsi parler, donné la vie à une invention qui, tout ingénieuse qu'elle était, n'a pris de valeur réelle qu'après avoir été complétée par la suppression du tirage des lacs.

lement accrédité touchant l'accueil qui fut fait à l'invention de Jacquard par la fabrication lyonnaise.

Au dire de la plupart des auteurs qui ont écrit sur ce sujet « l'opposition que rencontra à Lyon l'introduction du métier de Jacquard, la haine que souleva contre lui sa découverte, furent telles que trois fois sa vie fut en danger. Ce ne fut pourtant pas tout, assurent-ils. Ils ajoutent que : *le conseil des prud'hommes, chargé des intérêts du commerce lyonnais, alla jusqu'à faire briser le métier sur la place publique; après quoi le fer, pour nous servir de ses propres expressions, fut vendu comme vieux fer et le bois comme bois à brûler.* »

La première partie de cette assertion est exacte. Quand à la seconde, celle qui accuse le conseil des prud'hommes, il résulte, au contraire, de travaux récents et dont les détails ont été puisés aux sources les plus authentiques que les avantages du nouveau métier avaient frappés tous les fabricants éclairés.

Jacquard, mis en rapport par M. Pernon avec le conseil municipal et la chambre de commerce, avait été accueilli, de part et d'autre, avec la bienveillance qu'il était en droit d'attendre d'hommes éclairés et animés d'un véritable zèle pour la prospérité de l'industrie lyonnaise.

Une commission, dont les membres furent choisis parmi les meilleurs fabricants, fut chargée de reconnaître les avantages du nouveau métier ; les ouvriers les plus renommés par leur habileté et leur expérience furent employés à cet examen ; on multiplia les essais de fabrication ; on constata que les machines successivement inventées pour suppléer la manœuvre du tireur de lacs, que l'on appelait mécanique à la Dardois, à la Ponçon et à la Brun, n'avaient pu être introduites dans la pratique à cause de leurs inconvénients.

Le témoignage des hommes de l'art, en faveur du procédé de Jacquard fut donc unanime, et son invention considérée comme le fruit du génie et réputée la plus importante que l'on eut fait dans la fabrication de la soie.

Cette décision officielle fut accueillie avec faveur et confirmée par l'opinion particulière de tous les hommes compétents. Jacquard, en présence de ces éloges unanimes pouvait et devait s'attendre à un succès facile et complet.

Il n'en fut point ainsi ; et ici nous rentrons malheureusement dans le récit des injustices, des outrages, des violentes persécutions mêmes auxquelles il allait, il est vrai, se trouver en butte, non point de la part de ceux qui avaient mission de juger et d'encourager son œuvre, mission à laquelle ils ne faillirent pas comme on l'a prétendu; mais de la part de ses anciens compagnons de travail, dont quelques-uns jaloux de voir un d'entre eux sur le chemin de la fortune et de la gloire, et les autres, en plus grand nombre, inquiets des suites que pourraient avoir pour eux la simplification de la main-d'œuvre, s'unirent contre lui avec une âpreté, une violence inouïes (1).

(1) Déjà, lorsque Vaucanson, inspecteur des manufactures d'étoffes de soie sous le ministère du cardinal Fleury, avait annoncé la découverte de son mécanisme pour simplifier le métier à tisser, des rumeurs menaçantes avaient éclaté parmi

Jacquard se trouva bientôt poursuivi par l'animosité de la classe ouvrière, et comme l'idée de trahison est toujours celle qui se présente la première à l'esprit des masses, il se vit accuser de connivence avec l'étranger pour travailler à la ruine des fabriques de Lyon. On ne lui ménagea ni menaces ni mauvais traitement, et il arriva même un jour qu'un groupe de furieux s'étant emparé de sa personne, l'entraîna vers le Rhône afin de le jeter à l'eau ; ce ne fut qu'à grand peine que l'on parvint, près la porte Saint-Clair, à arracher à ces forcenés leur malheureuse victime.

Tout autre que Jacquard eut probablement abandonné ce théâtre de tant de luttes et de dangers ; mais, Lyonnais dans l'âme, la pensée de faire profiter une autre ville que Lyon de sa découverte lui eût semblé un acte de criminelle ingratitude. Repoussant les offres qui lui étaient faites de toute part, il ne voulut apporter sa découverte dans aucun de nos grands centres manufacturiers où les riches commanditaires ne lui eussent pas manqué,

les ouvriers. Vaucanson avait été insulté, menacé et même poursuivi à coups de pierres dans les rues. Si l'on veut bien se souvenir que dans les anciens métiers, les fonctions de tireur de corde étaient confiées généralement aux enfants, et qu'il était d'usage que cet enfant fût pris parmi les fils de la famille, ce qui augmentait d'autant le salaire de l'ouvrier tisseur, on s'étonnera moins de l'opposition faite par ces derniers au métier Jacquard. Cette opposition s'explique naturellement, mais elle n'est pas moins blâmable dans ses excès. Ce sont, du reste, par des obstacles de ce genre que les inventeurs de tous les temps ont été combattus, entravés et trop souvent complètement empêchés de poursuivre leur œuvre.

et où le gouvernement, si éminemment protecteur alors de toute industrie rivale de celle de l'Angleterre, ne lui eût point refusé son appui. Encore moins laissa-t-il la tentation d'accepter les offres de fortune, qui lui furent faites par des spéculateurs anglais, effleurer sa conscience (1).

Son patriotisme et son désintéressement étaient à l'unisson. Pour toute rémunération il avait demandé, en mettant généreusement son invention dans le domaine public, qu'une prime de 50 francs lui fût accordée par le gouvernement pour chaque métier fabriqué.

On raconte qu'en signant le décret qui assurait ce droit au modeste inventeur, Napoléon s'écria : « *En voilà un qui se contente de peu!* »

L'organisation même du travail, lequel est fait à Lyon, non dans des manufactures appartenant aux fabricants, mais par des chefs d'ateliers indépendants travaillant seuls ou ayant à leur solde un certain nombre d'ouvriers, présente de grands avantages, ainsi que nous l'établissons ailleurs, mais elle offre, en revanche, une facilité regretable aux coalitions du genre de celle dont Jacquard était la victime.

Grâce à l'indépendance qui en résulte pour eux, les tisseurs en soie sont maîtres de certaines situa-

(1) Ce n'est pas seulement en Angleterre que l'invention de Jacquard fut appréciée. Les Allemands ne lui firent pas un accueil moins enthousiastes et les manufacturiers d'Eberfelt, ayant importé un de ces nouveaux métiers dans cette ville, le gouvernement prussien, à la suite de cette importation, leur donna, à titre de récompense, la propriété d'une terre rapportant un revenu de 10,000 francs.

tions et maîtres à tel point qu'il est permis de supposer que si les intérêts de Jacquard et de son œuvre n'étaient pas tombés aux mains d'un fabricant d'une haute compétence dans le mécanisme des métiers et doué de l'esprit de suite et de persévérance qui distinguaient M. Grand, la découverte de Jacquard eût péri, étouffée par la coalition qui s'était formée contre elle.

Pendant quatre années M. Grand lutta péniblement contre la résistance des ouvriers à adopter le nouveau système ; ceux même qui travaillaient sous sa direction ne se rendirent qu'en 1809.

Toutefois, la résistance ne devait plus tenir longtemps en présence des avantages qui se révélèrent dès cette première mise en pratique un peu sérieuse; l'invention connue à Lyon depuis 1805, systématiquement et violemment repoussée jusqu'en 1809, était, trois ans après, généralement adoptée dans cette ville.

On y comptait en effet, dès 1812, dix-huit métiers battant à la Jacquard.

VI

Après avoir esquissé la vie de Jacquard, après avoir raconté les épreuves qu'il eut à traverser, les obstacles qu'il lui fallut vaincre avant d'arriver à imposer à l'industrie des soies la précieuse invention que son génie lui avait fait imaginer et lui avait permis de réaliser, nous croyons devoir insister sur les avantages immenses qu'offre le système Jacquard comparé aux anciens métiers.

Nous nous demanderons, à cet effet, quels mobiles puissants firent naître dans l'esprit de l'inventeur la pensée de tourner de ce côté ses rares aptitudes de mécanicien et le dirigèrent pendant le cours de ses recherches ?

Les anciens métiers offraient deux inconvénients majeurs :

1° La perte du temps employé à préparer les rames et les sangles, à lire les dessins, à faire les lacs, préparatifs qui exigeaient un, deux et même trois mois, selon l'importance et la complication du travail à produire et que le système Jacquard a entièrement supprimés;

2° Les frais considérables et indispensables des cordages, du travail des faiseuses de lacs, des appareilleuses, des liseuses et enfin des tireuses de lacs, qui n'existent plus dans les nouveaux métiers.

Les difficultés d'exécution provenaient de plusieurs causes :

1° Humidité ou sécheresse de l'atmosphère, très variable à Lyon, et qui, agissant sur les cordages pour en augmenter ou en diminuer la longueur, amenaient dans le travail des irrégularités et des imperfections, auxquelles toute l'habileté du meilleur tisseur était souvent impuissante à remédier;

2° Inattention ou inhabileté de la tireuse de lacs amenant, par une tension non régulière, désaccord avec l'action des maillons et, par suite, nuisant à l'exécution du dessin;

3° Rupture accidentelle des lacs, lesquels ne pouvaient être remplacés sans que l'exécution du dessin ne s'en ressentît;

4° Différence entre les mouvements du tisseur et celui de la tireuse, laquelle amenait, pour le premier, un ralentissement de travail, c'est-à-dire une perte de temps toujours considérable;

5° Enfin, la misérable condition des tireurs ou tireuses de lacs. Ceux qui ont eu occasion de voir quelqu'un de ces anciens métiers, ayant survécu à l'abandon général dont ils ont été l'objet, peuvent seuls se rendre compte du supplice auquel étaient condamnés ces pauvres enfants (des jeunes filles d'ordinaire), dont le travail, se réduisant à un mouvement machinal, non seulement les rendait impropres à tout autre genre d'occupation, mais les conduisait presque immanquablement à une espèce d'idiotisme quant à l'intelligence, et, souvent, à un rachitisme qui en faisaient les parias de la fabrique.

En supprimant cette cause permanente et forcée de dégradation intellectuelle et d'appauvrissement physique, le mécanisme de Jacquard a été incontestablement un véritable bienfait pour l'humanité.

A ce seul point de vue, le modeste et glorieux inventeur lyonnais mériterait une place d'honneur parmi les hommes utiles dont la France a le devoir de se glorifier, alors même que notre industrie des tissus ne lui serait pas redevable des économies considérables et des perfectionnements de travail que nous avons indiqués.

Ce n'est pas tout cependant : dans un autre

ordre de considérations, moins importantes en apparence, bien que dans la pratique elles aient une valeur réelle, nous trouvons les avantages suivants à relater :

L'ancien métier occupait un espace considérable, par suite du volume de ses rames et de ses sangles, et l'on ne pouvait le mouvoir sans déranger son gréement.

Le métier Jacquard, d'une forme élégante et commode, se prête sans inconvénients à tout changement de place.

L'ancien métier était encombré de cassins, de rames, de sangles, etc.

Le nouveau est totalement dégagé de cet attirail, remplacé par une cage de 10 centimètres de largeur sur 40 de longueur et 30 de hauteur, remplie de broches de fer transversales et verticales, au jeu desquelles est dû principalement le nouveau mécanisme.

Ce jeu est si facile et si régulier qu'on est sûr de la parfaite exécution des dessins les plus compliqués.

Enfin, le métier Jacquard qui, considéré sous le rapport de son mécanisme, a, aux yeux des hommes de l'art, le caractère par excellence de la perfection, celui de la simplification d'action, est de moitié au moins meilleur marché, comme prix d'achat, que l'ancien.

Tout le monde sait que ce n'est pas à la seule industrie du tissage de la soierie que s'est borné le bienfait de l'invention qui nous occupe. On l'a appliquée aux tissus de toute nature, il s'est introduit dans tous les pays, amenant partout perfectionnement dans les produits, diminution des prix de revient et, par suite, augmentation dans la fabrication, de telle sorte que cette simplification que les ouvriers de Lyon avaient repoussée comme une menace est devenue pour eux et pour toutes les populations industrielles, qui vivent de la mise en œuvre des matières textiles, un puissant élément de travail.

En ce qui touche plus particulièrement à l'industrie de la soie et à la fabrication lyonnaise, la découverte de Jacquard a eu une portée immense.

C'est grâce à elle que l'industrie lyonnaise s'est d'abord relevée de son état de ruine, et qu'elle a pu ensuite soutenir la concurrence qui lui était faite de toutes parts, tant à l'étranger qu'en France.

Sans l'aide que lui a apportée ce moyen nouveau de perfection dans la fabrication des belles étoffes qui assurent sa supériorité, notre grande cité manufacturière aurait-elle traversé glorieusement comme elle l'a fait, les crises qui, plusieurs fois, ont menacé sa prospérité?

Aurait-elle gardé intacts les avantages nombreux qui rendent sa fabrication sans rivale?

Il est permis d'émettre à cet égard plus qu'un doute.

VII

Depuis 1806, Jacquard jouissait d'une pension de 3,000 francs que lui avait alloué le conseil municipal de Lyon.

Il avait été, peu après, décoré de la Légion d'honneur, c'était plus qu'il n'en fallait pour satisfaire sa modeste ambition.

Après la mort de sa femme, il se retira à Oullins, charmant village aux portes de Lyon. C'est là que s'écoulèrent, calmes et heureuses, les dernières années de sa vie.

La culture de son petit jardin, l'intérêt qu'il continuait à prendre à l'extension de son système, quelques améliorations de détail apportées à ce système, se partageaient son temps et ses préoccupations.

Il mourut le 7 août 1834, à l'âge de quatre-vingt-deux ans.

En 1840, a eu lieu l'inauguration de la statue qui lui a été élevée à Lyon, par souscription nationale, et dont l'exécution a été confiée au célèbre sculpteur lyonnais Foyatier.

PASTEUR (Louis)

(1822)

I

Né à Dôle (Jura), en 1822, M. Pasteur termina, à Paris, les études qu'il avait commencées en province et se fit admettre, en 1843, à l'École normale.

« Successivement agrégé des sciences physiques en 1846, préparateur de chimie à l'École normale, docteur ès science en 1847, il devint professeur de physique au lycée de Dijon en 1848, professeur suppléant de chimie à la faculté de Strasbourg en 1849, et professeur en titre en 1852.

« Après avoir été, de 1854 à 1857, doyen de la faculté des sciences de Lille, il fut appelé à Paris et nommé directeur des études scientifiques à l'École normale (1857), puis professeur de chimie à la Sorbonne.

M. Pasteur, membre de l'Académie des sciences et, depuis 1873, membre associé de l'Académie de médecine, vient d'être appelé à occuper un des 40 fauteuils de l'Académie française.

Il a acquis une grande réputation dans le monde savant, principalement par ses travaux de chimie moléculaire, par ses études sur les ferments et la génération spontanée.

Adversaire de l'hétérogénie, il combattit à l'aide d'expériences et dans des discussions publiques, à l'Académie, les théories dont M. Pouchet était le plus éminent champion.

« Ces débats eurent un grand retentissement et M. Pasteur y prit une part considérable.

« Parmi les travaux de cet éminent savant, nous citerons ses études sur la *polarisation rotatoire et la constitution moléculaire de l'acide pyrotartrique* qui lui firent décerner par la Société royale de Londres la grande médaille Rumford, en 1856; ses travaux sur la *fermentation lactique*, la *fermentation de l'acide tartrique*, la *fermentation alcoolique*, qui lui ont valu, en 1859, le prix de physiologie expérimentale; les travaux par lesquels il est parvenu à établir la théorie complète de l'*acétification;* ses études d'une grande importance pratique sur *les industries du vin, de la bière, sur les maladies des vers à soie*, etc.

« Ses travaux sur la chimie lui ont fait décerner, en 1861, le prix Jecker, et, en avril 1874, sur l'avis d'une commission chargée d'examiner ces travaux, le ministre de l'instruction publique a présenté à l'Assemblée nationale un projet de loi tendant à lui faire accorder, à titre de récompense nationale, une pension annuelle et viagère de 20,000 francs.

M. Pasteur, qui est, depuis 1868, commandeur de la Légion d'honneur, lors du bombardement de Paris, par le roi de Prusse, écrivit au doyen de la faculté de Bonn, une lettre par laquelle il le priait de rayer son nom de la liste des docteurs honoraires de cette faculté et de reprendre le diplôme qu'elle lui avait envoyé, en signe « de l'indignation qu'inspirait à un savant français la barbarie et l'hypocrisie de celui qui, pour satisfaire un orgueil criminel, s'obstinait dans le massacre de deux peuples. »

II

LA MALADIE DES VERS A SOIE

La production de la soie serait une source trop abondante de richesse, pour les pays dont le climat est à la fois favorable à la végétation du mûrier et à l'éducation des vers, si ceux-ci n'avaient des ennemis cachés et redoutables qui parfois, en quelques jours, viennent anéantir toutes les espérances du magnanier.

Depuis 1849 surtout ces terribles fléaux ont fait de tristes progrès et ont porté la ruine au milieu des centres les plus florissants de l'industrie de la soie.

C'est au savant et intéressant article publié par M. Paul Poirier, dans la *France industrielle*, que nous avons recours pour bien faire comprendre à nos lecteurs l'état et la gravité de la situation.

Dans un travail couronné, en 1862, par l'académie

du Gard, M. Jean-Jean, habile et savant éducateur, traçait le tableau suivant de cette situation :

« Le voyageur qui aurait parcouru, il y a une quinzaine d'années, les montagnes des Cévennes et qui reviendrait actuellement sur ses pas, serait étonné et vivement affecté des changements de toute nature qui se sont opérés en si peu de temps dans la contrée.

« Jadis il voyait sur le penchant des collines, des hommes agiles et robustes, briser le roc, établir avec ses débris des murs solidement construits destinés à supporter une terre fertile mais péniblement préparée, et élever ainsi jusqu'au sommet des monts, des gradins échelonnés, plantés en mûriers.

« Ces hommes, malgré les fatigues de leur rude travail, étaient alors contents et heureux, parce que l'aisance régnait à leur foyer domestique. Aujourd'hui les plantations de mûriers sont entièrement délaissées ; l'*arbre d'or* n'enrichit plus le pays, et ces visages, autrefois radieux, sont maintenant mornes et tristes ; là où régnait l'abondance ont succédé la gêne et le malaise (1).

« Cette situation, poursuit M. Poirier, ne pouvait manquer d'attirer l'attention du gouvernement et des savants.

« En 1865, le Sénat fut appelé à délibérer sur une pétition de trois mille cinq cent-soixante-quatorze propriétaires de nos départements séricicoles,

(1) Ce tableau, assure M. Pasteur, n'a rien d'exagéré, et la misère est la même dans tous nos départements séricicoles.

réclamant que le gouvernement vint en aide à leurs malheureuses populations par des dégrèvements d'impôts et par la mise à l'étude de toutes les questions qui se rattachaient au triste fléau.

« M. Dumas, que sa grande autorité dans la science et sa connaissance de l'industrie de la soie, désignait au choix de ses collègues du Sénat, fut chargé du rapport provoqué par cette pétition.

« A la suite de ce rapport, M. Pasteur, qui avait déjà acquis une légitime célébrité par ses beaux travaux sur la fermentation, fut prié par le ministre de l'agriculture d'aller étudier, sur place, les conditions, les causes du fléau dévastateur et de chercher le remède si désiré.

« Le savant directeur des études scientifiques à l'École normale partit, au mois de juin 1865, pour Alais, dans le département du Gard, le plus important de tous nos départements pour la culture du mûrier et celui où la maladie sévissait avec le plus d'intensité.

« De 1865 à 1869, il poursuivit sans relâche ses études et, en 1870, il en publiait les résultats dans un ouvrage intitulé : *Études sur la maladie des vers à soie. Moyen pratique assuré de les combattre et d'en prévenir le retour.*

« Nous ne pouvons ici reproduire les détails des travaux de M. Pasteur, nous nous contenterons d'en exposer les principaux traits.

« Avant lui la question avait déjà été étudiée par plusieurs savants français et étrangers, parmi lesquels nous devons citer M. de Quatrefages. Mais aucun d'eux, il faut le reconnaître, n'était arrivé à la connaissance exacte du mal, et surtout à celle du remède qu'il convenait d'y apporter. M. Pasteur, au contraire, en s'appuyant sur les travaux de ses devanciers, en discutant expérimentalement leurs conséquences, arriva à définir le fléau et à le ramener à deux causes principales.

« Le microscope, qui, dans ses études sur la fermentation, lui avait déjà fourni de si fécondes méthodes d'investigations, devait encore être le principal instrument de ses recherches.

« M. Pasteur affirme que toutes les misères de l'industrie séricicole doivent être attribuées à deux maladies distinctes, tantôt associées, tantôt isolées : la *pébrine* et la *flacherie*.

« La pébrine, qui doit son nom à M. de Quatrefages, consistait surtout, suivant ce naturaliste, en une espèce de grangrène intérieure qui se révélait par l'apparition de taches à la surface de la peau. M. Pasteur a prouvé que l'existence de ces taches n'était qu'un des côtés accessoires de la maladie, qu'un ver malade était toujours taché, mais que les taches pouvaient exister sans qu'il y eut maladie.

« Le signe distinctif de la maladie est, d'après M. Pasteur, l'existence dans le corps de l'animal de corpuscules, qu'on avait trouvés avant lui, mais dont il a défini la nature et le rôle.

« La pébrine est excessivement contagieuse : elle se propage d'un ver à l'autre, soit par les feuilles, soit par les piqûres que se font les vers en montant les uns sur les autres, soit par les poussières fraîches des magnaneries. M. Pasteur a fait à ce sujet les expériences les plus concluantes.

« Beaucoup de personnes avaient craint que cette contagion ne fût un obstacle insurmontable à la guérison du mal, puisque, selon elles, des vers provenant d'œufs parfaitement sains pouvaient être atteints de la maladie et mourir avant d'avoir pu faire leur cocon.

« C'est là qu'est peut-être le plus important résultat des travaux de M. Pasteur : il a démontré d'une manière péremptoire qu'un œuf sain et exempt de corpuscules devenait toujours un ver capable de filer son cocon ; le ver pourrait, dans le cours de son existence, être atteint par la pébrine, mais cette maladie ne ferait pas chez lui de progrès suffisants pour l'empêcher de filer sa soie.

« Tout revient donc à employer une graine saine, des œufs dépourvus de corpuscules.

« Cette induction, à laquelle il avait été conduit dès le début de ses travaux, fut vérifiée par les expériences les plus formelles. Il préleva, en 1866, quatorze échantillons de graines de diverses races faits à Saint-Hippolyte (Gard) et, après les avoir étudiés, il envoyait, en février 1869, à M. Jean-Jean, maire de cette ville, un pli cacheté renfermant ses pronostics sur les résultats que l'on devrait obtenir avec ces quatorze espèces de graines.

« Ce pli ne fut ouvert qu'après l'éducation de 1867, et les prévisions de l'illustre chimiste se réalisèrent dans 12 cas sur 14 ; encore avait-il fait des réserves au sujet de ces deux cas exceptionnels.

« Voici la méthode proposée par M. Pasteur pour l'étude des graines qu'on peut employer à la reproduction des vers à soie :

« Quand on a une chambrée qui n'a pas été atteinte par la pébrine et qu'on juge que les cocons sont bien formés, ce qui a lieu environ six jours après le commencement de la montée, on prélève, *sans choix*, un demi ou un kilogramme de cocons que l'on place dans une chambre chauffée, nuit et jour, à 29° ou 30° Réaumur et entretenue dans un certain degré d'humidité par un large vase plein d'eau placé sur le poêle; on hâte ainsi le développement des papillons. Dès qu'ils commencent à sortir on les broie un à un dans un mortier, avec quelques gouttes d'eau; on examine au microscope quelques gouttes de la bouillie et l'on note l'absence ou la présence de corpuscules, en indiquant, dans ce dernier cas, le nombre approximatif des corpuscules aperçus dans le champ de l'instrument.

« Si la portion des papillons corpusculaires ne dépasse pas 10 0/0, dans les races indigènes, on peut livrer au grainage toute la chambrée d'où proviennent ces papillons.

« M. Pasteur préfère l'examen des papillons à celui des œufs, et le trouve plus sûr et plus facile pour l'expérimentateur.

« ... Frappé de ce fait, que les ravages de la pébrine étaient bien moins terribles dans les départements de petite culture que dans ceux où l'éducation se faisait dans de plus grandes proportions, il a pu attribuer le développement de la maladie à l'agglomération du ver à soie.

« En conséquence, il conseilla aux départements du Lot, de la Corrèze, de Tarn-et-Garonne, de l'Aude, des Pyrénées-Orientales, des Hautes et

Basses-Alpes, de se livrer au grainage en opérant sur des œufs primitivement sains.

« Il pense que ces départements pourraient suffire à approvisionner toute la France.

« Il indique, du reste, dans son ouvrage, une méthode d'éducation cellulaire qui consisterait, pour les départements de grande culture, à élever dans des compartiments séparés, les vers destinés au grainage.

« Quant à la *flacherie*, ou maladie des *morts-flats*, M. Pasteur la considère comme tout à fait distincte de la pébrine ; lorsque les vers en sont atteints, ils ne mangent plus ou très peu, restent étendus sur le bord des claies et meurent bientôt. Leur corps noircit et se pourrit très vite, exhale une odeur fétide et il a l'aspect d'un boyau vide et plissé.

La flacherie est une maladie des organes digestifs, provoquée par le développement de productions organisées, de vibrions, de ferments, qui y déterminent une véritable fermentation.

« Elle peut être accidentelle et provenir : ou bien d'une trop grande accumulation de vers aux divers âge de l'insecte, ou d'une trop grande élévation de température au moment des mues ; elle peut être héréditaire et avoir pour cause un affaiblissement général de l'espèce produit par la pébrine.

« L'examen de la poche stomacale des chrysalides permettra de reconnaître par la présence des vibrions, celles dont des papillons donneront des œufs qui produiront plus tard des vers susceptibles d'être atteints de flacherie. M. Pasteur ajoute d'ailleurs que l'examen des vers, au moment de la montée, leur agilité, leur état général, fourniront des données suffisamment sûres au point de vue de la flacherie et indiqueront si on doit ou non les employer au grainage.

« Il affirme qu'il est toujours possible de combattre la prédisposition d'une race à la maladie par des précautions hygiéniques bien comprises et qu'enfin, par l'éducation cellulaire, on pourra régénérer facilement une race quelconque, que celle-ci soit atteints de flacherie ou de pébrine.

III

« Les idées de M. Pasteur, quoique appuyées sur les expériences les plus frappantes, ont rencontré, à leur apparition, une assez grande résistance ; il a eu à soutenir plus d'une polémique. Faut-il le regretter ? Non, puisque cette résistance l'a peut-être poussé à des investigations plus minutieuses et destinées à lui permettre d'établir sa théorie sur des bases inébranlables.

« Qu'on me permette, continue M. Poirier, de citer ici un fait qui m'est personnel, et qui montre à la fois l'opposition que M. Pasteur a rencontrée et le retour de ses contradicteurs à des idées plus justes.

« Lorsqu'en octobre 1869, je suis allé dans le Midi étudier la filature de la soie, j'avais déjà suivi, avec le plus vif intérêt, les travaux de M. Pasteur dans les *Comptes rendus de l'Académie des sciences;* je questionnai à ce sujet un honorable industriel dont je visitais l'établissement et lui demandai son opinion sur l'utilité de ces travaux, que je m'étais contenté jusque-là d'admirer.

« Je le trouvai fort sceptique et il me parut résumer en lui l'opinion de beaucoup de ses confrères.

« Je me permis de n'être pas de son avis et de lui dire combien l'emploi du microscope me paraissait devoir être fécond dans l'étude de cette maladie mystérieuse qui jetait la désolation dans le pays qu'il habitait.

« Au mois de février 1872, j'eus l'occasion de lui écrire pour lui demander de vouloir bien compléter les renseignements techniques qu'il m'avait fournis avec tant d'obligeance sur la filature de la soie ; je lui demandai aussi s'il avait conservé la même opinion sur les travaux de M. Pasteur ?

« Voici ce qu'il me répondit :

« Quant au système Pasteur, vous vous rappelez « que je lui ai été d'abord peu favorable, mais la « réalité et l'évidence des résultats obtenus m'ont « rendu un de ses partisans. Je serais très désireux « de voir vulgariser sa méthode, dont on n'a pas « tiré tout le parti qu'on peut en tirer, parce qu'elle « est souvent mal appliquée. De là, déceptions pro- « bables pour les éducateurs qui s'en prendront au « microscope, lequel n'aura guère été consulté. »

IV

« A certains égards, dit, sur le sujet qui nous occupe, M. Dusceigneur-Kléper (1), la maladie du

(1) Dans sa remarquable monographie du *Cocon de soie*, 1 vol. in-4°, Lyon, 1867.

ver à soie peut n'avoir pas été sans utilité : semblable, en effet, à ces cours d'eau débordés qui laissent un limon fertilisant après un passage désastreux, elle sera d'un grand secours à l'avenir, pour peu qu'on veuille bien retenir le limon en endiguant le torrent.

« J'ai particulièrement cherché à démontrer dans le cours de mon travail, les maux dérivant des diverses pratiques, *trop civilisatrices*, de la magnanerie moderne ; je me suis appliqué à établir comment successivement la domestication et la surproduction avaient *permis* à l'épidémie de sévir à l'extrême.

« Serai-je entendu ?

« Si les anciennes races sont allées en dégénérant, sous ce double rapport de la solidité et de la quantité de soie fournie, ne serait-ce pas en partie à cause de l'oubli de ces lois de rajeunissement habituelles à nos pères, qui estimaient essentiel de se retremper tous les quatre à cinq ans en Espagne, en Calabre, en Sicile ?

« Combien ce renouvellement serait plus profitable aujourd'hui que nous connaissons les superbes races de Fossombrone, d'Andrinople, d'Anatolie et que les bornes de notre horizon n'ont plus de limites. »

Il convient donc, ce nous semble, de reléguer parmi les vieilleries, l'éternelle redite de la conservation exclusive des races indigènes.

Il ne peut être qu'avantageux pour notre agriculture et notre industrie de s'approprier ce que l'étranger nous a révélé de préférable, de procéder à des croisements conservateurs au moyen des débris de nos espèces, et à une éducation plus rustique de ces nouveaux produits.

« L'homme, a dit un sériciculteur syrien, « l'homme peut croire pendant un temps que son « intelligence modifie et intervertit les lois de la « nature ; il change la forme des animaux et des « plantes, mais il s'aperçoit, un jour ou l'autre, que « la nature, vaincue, repousse ces êtres artificiels et « les frappe de mort dans leur développement et « surtout dans leur reproduction. »

Il faut alors, sans hésiter, remonter au point d'où l'on est parti et redemander à la nature des races pures et fécondes.

STATISTIQUE DE LA SOIE

EN FRANCE ET DANS SES COLONIES

FRANCE

Suivant Buffet, inspecteur des fabriques du Languedoc pour le roi, la France livrait, en 1775, 30,000 quintaux, soit 1,500,000 kilogrammes de soie, sur lesquels moins du tiers était le produit de l'agriculture française ; le surplus était importé de l'étranger à l'état grège.

Cette production restreinte ne subit que d'insignifiantes fluctuations jusqu'en 1810, époque à laquelle la culture du mûrier commença à se développer en France.

Toutefois, ce ne fut que de 1820 à 1825 que le produit de nos magnaneries commença à approcher d'un million de kilogrammes de soie, et de 1825 à 1850 que cette industrie prit l'essor qui nous place maintenant au nombre des pays grands producteurs.

La maladie du ver à soie l'a, depuis, ramenée pour un instant presque au point de départ que nous avons choisi, c'est-à-dire au chiffre de 1775 (1).

Trente-cinq départements produisent le cocon dans des proportions bien différentes, sans doute, mais en quantité suffisante cependant pour mériter d'être compris dans l'intéressante statistique de la sériciculture française.

Nous allons les indiquer dans l'ordre alphabétique choisi par M. Duseigneur, dont nous allons reproduire, avec quelques abréviations seulement, l'excellent travail.

AIN

Le produit de la soie, qui n'est qu'accessoire dans le département de l'Ain et qui n'y est d'ailleurs alimenté que par 55 à 65 hectares en plants de mûriers, a varié durant la période 1857-62 entre 60 et 70,000 kilogrammes de cocons.

En 1872 elle s'est abaissée à 32,000 kilogrammes résultant de 1,900 onces de graines.

Cette diminution est due au découragement provoqué par la maladie.

AUDE

La culture du mûrier est ancienne dans l'Aude,

(1) Le minimum de la période de maladie qui s'est produit en 1862 et 1863 a été ramené à 11,000,000 et le prix à 4 fr. 75 c. Après l'année 1856 les plus mauvaises années ont été celles de 1862 et 1863

aux environs surtout de Carcassonne et de Limoux.

Avant 1857, on y mettait à éclore environ 800 onces de graines d'un rendement approximatif de 20,000 kilogrammes de cocons.

Depuis la maladie, on voit les éducateurs découragés arracher leurs mûriers et la productiou descendre à 5,500 kilogrammes.

Cette même année le prix, qui était de 4 fr. 90 c., en 1853, alors que la production était de 20,000 kilogrammes, s'est élevé à 8 francs.

En 1871, dernière année mentionnée par M. Duseigneur, la culture du mûrier fut généralement abandonnée et remplacée par de la vigne.

ALLIER

La culture du mûrier, qui remonte, dans l'Allier, à un siècle environ, y a pris quelque développement il y a une quarantaine d'années, mais sans dépasser cependant, comme produit, un millier de kilogrammes de cocons.

AVEYRON

Une statistique de 1848 constate l'existence d'une magnanerie à Rodez, celle d'Armand Carrier, qui produisait 600 kilogrammes de cocons ; l'Aveyron possédait alors trois filatures à Milhau ; ces filatures n'existent plus.

Avant la maladie, l'arrondissement de Milhau

produisait 7 à 8,000 kilogrammes de cocons réduits maintenant à un millier de kilogrammes.

L'arrondissement de Saint-Affrique, bien que rudement atteint par le fléau, redouble d'efforts, et la production, autrefois restreinte à 5 ou 600 kilogrammes, s'y est élevée, en 1871, à 1,300 kilogrammes vendus pour graines de 15 à 30 francs.

ARDÈCHE

Ce département est le pays par excellence de la soie. Tout y concourt, la nature des cocons produits sur un sol granitique, et la pureté des eaux parfaitement favorables aux opérations de la filature.

Les grèges sont supérieures à toutes autres, sous le rapport du duvet. L'Ardèche, avant la maladie, récoltait 3,000,000 à 3,200,000 kilogrammes de cocons et posait environ 130,000 onces de graines.

La récolte de 1857 fut de	....	1,342,000k.
— de 1867 —	....	2,180,000
— de 1871 —	....	1,670,000

résultant d'un ensemble de semences dont 75/00 sont japonaises.

Ces fluctuations dépendent évidemment autant de la quantité de l'approvisionnement que de sa nature.

Les cocons les plus estimés de l'Ardèche sont ceux de *La Mastre*, de *Vals* et de *Réaucoule*.

ARIÈGE

Avant 1789, il existait dans la basse plaine de l'Ariège, notamment dans la partie limitrophe à à l'Aude et à la Haute-Garonne, un grand nombre de très vieux mûriers.

Après les guerres de l'Empire, à Saverdun, à Colmant, à Mazères, quelques personnes recommencèrent l'élevage du ver à soie, avec autant de succès que l'on peut en obtenir dans un pays sujet comme celui-ci à des gelées tardives qui dessèchent trop souvent les bourgeons et les feuilles tendres.

Aussi, malgré ces efforts, les magnaneries les plus importantes de l'Ariège n'ont-elles jamais dépassé 4 à 5 onces et les récoltes totales 2,000 kilogrammes, qui se filaient sur cinq à six bassines à feu nu.

Aujourd'hui ce produit, réduit de moitié, se vend sur le marché de Toulouse.

BASSES-ALPES ET ALPES-MARITIMES

Les Basses-Alpes sont au premier rang parmi les départements dans lesquels l'épidémie n'a pas sévi rigoureusement, et qui ont même su tirer parti du fléau.

M. Duseigneur-Kléper est convaincu qu'avant la maladie le rendement en cocons ne dépassait pas, dans ce département, 25 à 30,000 kilogrammes.

En 1871, la récolte s'est élevée au chiffre relativement énorme de 50,845 kilogrammes, produits par 1,224 onces.

Le rendement moyen, dépassant 41 kilogrammes à l'once, témoigne de l'intelligence de l'éducateur des Basses-Alpes qui, adonné à la fabrication des graines, aidé de la sélection microscopique, a vu ses récoltes se décupler.

La production des Alpes-Maritimes est légèrement supérieure à celle des Basses-Alpes.

BOUCHES-DU-RHONE

La production des Bouches-du-Rhône était, pour 1840, d'environ 360,000 kilogrammes, et celle de 1850, de 400,000 kilogrammes.

Ces chiffres se maintinrent jusqu'en 1853, époque de l'apparition de la maladie.

En 1863, la récolte fut réduite à 100,000 kilogrammes ; mais, à partir de ce moment, a commencé un mouvement ascendant dont le résultat se chiffre aujourd'hui entre 200 et 250,000 kilogrammes.

CHER

Il a été tenté, depuis une dizaine d'années, quelques éducations dans le Cher. Mme Guillot possède, entre autres, 3,000 pieds d'arbres en plein rapport, lui permettant de produire trois cents onces de graines.

A Saint-Amand, Mlle Dagincourt, élève un cocon blanc fort remarquable et très estimé.

CORRÈZE

Au moment où la maladie s'y est déclarée, l'éducation du ver à soie, introduite depuis une trentaine d'années seulement dans la Corrèze, était exploitée dans une douzaine de magnaneries, établies surtout aux environs de Brive et de Beaulieu, et produisait 12 à 14,000 kilogrammes de cocons.

En 1868, ce rendement était limité à 300 kilogrammes.

Il y est maintenant à peu près nul.

COTE-D'OR

L'éducation du ver à soie qui, il y a une quarantaine d'années, semblait destinée, dans la Côte-d'Or, à un assez important avenir, ne livre plus maintenant à notre industrie que 4 à 500 kilogrammes de cocons, produits par trois ou quatre éducateurs.

CORSE

Le plus ancien chroniqueur de l'île affirmait, vers la fin du XVIe siècle, que la Corse produisait depuis longtemps une grande quantité de soie dont il vantait la qualité.

Toutefois, les plus vieux mûriers existant maintenant dans ce pays y ont été plantés après sa conquête par la France, c'est-à-dire depuis 1769.

Ils ont servi à faire annuellement des petites éducations dans une vingtaine de localité, jusqu'au moment ou, vers 1830, le gouvernement, intervenant, fit planter des pépinières et n'épargna aucun soin pour encourager et faciliter une industrie appelée pensait-on, à donner de magnifiques résultats.

Malheureusement les plantations furent faites surtout dans les régions maritimes où l'éducation des vers est difficile et souvent incertaine.

Les résultats ne répondant par au succès qu'on avait espéré, beaucoup de propriétaires de cette région, arrachèrent les mûriers qu'ils avaient plantés, et on put croire que cette industrie naissante serait promptement abandonnée.

Il n'en fut rien cependant. En 1852, lorsque l'épidémie frappa la Corse, elle y trouva des magnaneries relativement florissantes.

Il y eut un moment de stupeur et de désarroi; toutefois, certaines localités ayant été épargnées et visitées par des graineurs avec des succès divers, les éleveurs reprirent courage et la quantité de cocons augmenta plutôt qu'elle ne diminua.

Le chiffre en est évalué à environ 10,000 kilogrammes.

DORDOGNE

Au moment où la maladie allait y sévir, l'élève des vers à soie avait pris, dans la Dordogne, un développement qui promettait au pays une nouvelle source de richesse.

Les parties les plus favorisées étaient les rives de la Dordogne, vers Montignac, le long de la Vézère, près de Périgueux, en remontant l'Isle, et aux environs de Ribérac.

On commençait à s'y livrer à Brantôme et dans le Nontronnais.

Divers éducateurs vendaient annuellement pour 2 à 3,000 francs de cocons, et la quantité totale récoltée produisait environ 70,000 francs, ce qui suppose 15,000 kilogrammes de cocons.

Mais la maladie ayant découragé les plus zélés, et, sur ces entrefaites la culture du tabac, suffisamment rémunératrice, ayant été autorisée, celle du mûrier a été abandonnée.

Il s'est néanmoins produit, en 1872, une réaction assez sensible : une dame de Ribérac ayant vendu pour 5,000 francs de cocons, tous les mûriers utilisables ont été depuis recherchés avec soin.

DROME

Nous revenons, dans ce département, au sein de la grande production ; cette production est moins homogène cependant que celle de l'Ardèche, dont certains de ses centres diffèrent peu au nord, tandis qu'au sud, le cocon se rapproche de celui de Vaucluse.

Avant l'épidémie, la Drôme récoltait de 4 à 4,500,000 kilogr. de cocons, chiffre réduit des 3/4 en 1856 et 1857, années durant lesquelles l'once de graines ne rendit pas, en moyenne, 7 kilogr.

La récolte de 1859 se releva à 2,100,000 kilogr., et celle de 1869 à 2,995,000 kilogr. ; entre ces deux dates les alternatives ont été diverses.

GARD

Généralement connues sous le nom de *Cévennes*, les soies du Gard jouissent d'une réputation étendue et méritée, due particulièrement à la régularité de leurs fils et à leur nerf.

Les Cévennes, proprement dites, se composent des régions montagneuses du Gard et de la Lozère, mais ici, commercialement parlant, la partie a absorbée le tout.

Avant la maladie, le Gard récoltait environ quatre millions et demi de kilogrammes de cocons, résultant de 160,000 onces de graines.

Ce produit a été réduit de moitié et plus durant l'épidémie, bien que les quantités de graines posées aient généralement été en croissant.

La récolte de 1859 fut de.......... 2,140,000k.
— de 1860 — 1,935,000
— de 1871 — 2,467,000

produits par 190,000 onces de graines dont 70 0/0 sont japonaises.

Pendant les trentes années qui ont précédé l'épidémie, c'est-à-dire de 1820 à 1850, le prix du kilogramme de cocons a varié, dans les Cévennes, de 3 fr. 10 (en 1830 et 1831) à 4 fr. 75 (année 1848) (1).

GIRONDE

Pendant la période décennale de 1830 à 1840 la culture du mûrier prit une assez rapide extension dans la Gironde, poussée par quelques propriétaires originaires des Cévennes.

Les plantations réussirent fort bien et purent alimenter une production de 5,000 kilogrammes ; mais le prix élevé de la main d'œuvre et le manque de bras, provoquèrent un mouvement de recul dont la maladie vint bientôt accroître la rapidité.

La production de la Gironde est réduite aujourd'hui de 400 à 500 kilogrammes.

HAUTES-ALPES

Introduite en 1830 dans les Hautes-Alpes, la culture du mûrier y a prospéré de telle sorte qu'en 1868 ce

(1) Nous ne parlons ici que pour mémoire des prix de 5 fr 90 c. et 6 fr. 90 c. (années 1836 et 1838) qui s'écartent trop des cours habituels, et concordent d'ailleurs avec des événements commerciaux extérieurs trop exceptionnels pour être adoptés comme chiffres comparatifs.

département produisait 11 à 12,000 kilogrammes, et en 1871, 30,215 kilogrammes.

Cette augmentation va en s'accentuant, et on estime que le quart au moins des récoltes est réduit en graines.

HAUTE-GARONNE

La culture du mûrier est peu développée dans ce département, dont le sol et le climat semblent cependant lui être favorables.

La production moyenne, évaluée avant l'épidémie à 13,000 kilogrammes, et tombée ensuite à environ 2,000 kilogr., s'est relevée depuis 1871 dans des proportions notables.

HAUTE-LOIRE

La Haute-Loire est trop rapprochée de l'Ardèche et a, dans certaines de ses parties, trop de rapports climatériques avec ce pays pour que l'industrie séricicole n'y ait point fait quelques invasions.

Yssingeaux et le Puy ont été les centres de ces essais, dont le produit, qui n'a jamais dépassé 400 kilogrammes, s'est graduellement abaissé par suite de l'épidémie à 104 kilogrammes (en 1868), pour se relever légèrement en 1870 et 1871.

HAUTE-SAVOIE

La Haute-Savoie a eu autrefois des plantations de mûriers assez considérables. La production, qui a notablement baissé depuis l'épidémie, peut être évaluée de 12 à 1,800 kilogrammes.

HÉRAULT

L'Hérault qui, avant 1850, récoltait 1,100,000 à 1,200,000 kilogrammes de cocons, a vu ce chiffre descendre à 260,000 kilogrammes (en 1870) provenant de 22,650 onces, ce qui ne donne guère que 11 kilogrammes à l'once.

ISÈRE

La récolte de l'Isère ne différait guère de la précédente, en temps normal. Il était mis alors environ 40,000 onces de graines à l'éclosion.

Les récoltes, depuis la maladie, sont descendues à 800,000 kilogrammes, chiffre dont elles se sont peu écartées.

INDRE-ET-LOIRE

C'est à Louis XI qu'il faut faire remonter la culture du mûrier en Touraine, et nous avons dit ailleurs combien, sous Henri IV, elle y fut florissante.

Au début de la maladie, la production y était d'environ 25,000 kil.; en 1857 et en 1858 elle descendit au-dessous de 4,000 kil.

LOZÈRE

De même que la Haute-Loire reçoit de l'Ardèche le goût de la sériciculture, de même la Lozère emprunte au Gard, avec lequel elle confine, un vif désir d'acclimater le mûrier dans ses délicieuses vallées.

Malheureusement la rigueur de l'hiver dans ce département, n'a pas permis aux nombreux et intelligents essais qui y ont été faits, de donner naissance à une industrie sérieuse.

Dans les environs de Florac, seulement, les magnaneries ont offert aux propriétaires une suffisante rémunération.

La statistique que nous avons sous les yeux ne nous donne d'autres chiffres de production que pour les années 1869, 1870 et 1871.

La récolte s'est élevée pour la première de ces années à 109,000 kil. de cocons; pour la seconde à 175,000 et pour la troisième à 72,000, kilogr. seulement.

La cause de ces différences n'est pas indiquée, non plus que l'influence que la réduction énorme de la récolte de 1871 a pu exercer sur les éducations des années postérieures.

LOT

La culture du mûrier n'est sérieusement développée que dans une seule commune de ce département, celle des Concots, qui produit de 3 à 4,000 kil. presque tous destinés au grainage.

LOIRE

La production de la Loire, qui se chiffrait autrefois par 15 et même 18,000 kilog. de cocons, s'est abaissée à 7 ou 8,000 kilogr., produits particulièrement et en vue du grainage, par l'arrondissement de Saint-Étienne et les communes de Saint-Pierre-le-Bœuf, Chavanon et Bourg-Argental.

LOIR-ET-CHER

Introduite dans ce département, il y a une trentaine d'années, la culture du mûrier a été l'objet, à Romorantin, des soins éclairés de M. de Beauchesne.

Le comice agricole, entrant dans les vues de son président, a encouragé de son mieux l'émulation des populations.

La production destinée au grainage n'y dépasse cependant pas 3,400 kilogr. de cocons.

MARNE

En quittant Chenonceaux pour se fixer dans la Marne, M. Nagel, dont le nom est inséparable des efforts faits par nos provinces du centre pour l'acclimation du mûrier et du ver à soie, releva aux environs de Reims et de Vitry-le-François les vestiges d'anciennes plantations de mûriers, faites en 1836, et abandonnées presque aussitôt.

Encouragé par une concession de la Société d'agriculture de la Marne, au Jardin des Plantes de Châlons, il fit venir, en 1864, d'Indre-et-Loire, des boutures de *mûrier-lou.*

« Certains propriétaires, continue M. Duseigueur, ont planté, sous son impulsion, jusqu'à 2,000 plants; la Marne en renferme 20,000 en ce moment et plusieurs instituteurs s'y occupent avec succès d'éducation.

C'est un exemple qu'il est bon de mettre en lumière : aucune industrie agricole ne se prête mieux que celle-ci à l'enseignement pratique de l'école; aucune n'est de nature à intéresser davantage les enfants et à leur mieux donner le goût des occupations rurales.

PUY-DE-DOME

Le Puy-de-Dôme n'a jamais produit beaucoup plus de 2,000 kilogrammes, destinés au grainage.

Encore ce chiffre a-t-il sensiblement diminué, par suite de la préférence donnée aux semences du Japon.

PYRÉNÉES-ORIENTALES

Nous rentrons ici dans la grande production.

En 1752, ce département possédait 100,000 mûriers et la sériciculture y était et y resta florissante jusqu'en 1855, où on vit la production tomber à 4,650 kilogrammes.

En 1868,	ce chiffre	remonte à	10,500	kilogr.
1869,	—	—	13,800	—
1870,	—	—	14,300	—
1871,	—	—	16,200	—

RHONE

Le rendement de la soie dans le Rhône a été, paraît-il, fort exagéré.

Les recherches personnelles de M. Duseigneur n'ont pu lui permettre de constater, pour les meilleures années précédant la maladie, au delà de 35 à 40,000 kilogrammes.

Ces chiffres nous semblent d'autant plus exacts que le Rhône, ne possédant qu'une trentaine d'hectares plantées en mûriers, un résultat supérieur serait impossible.

SAVOIE

La production de la Savoie, avant l'épidémie était évaluée à 110,000 kilogr. de cocons, chiffre que la maladie n'a pu abaisser au-dessous de 60,000 kilogr. et qui, en 1871, s'est relevé à 76,000 kilogrammes.

TARN

Le Tarn peut revendiquer l'honneur d'avoir été l'un des premiers centres florissants en France, non seulement de la sériciculture, mais de la fabrication des soieries.

Dès 1590, Henri de Birague, évêque de Lavaur, y favorisait la culture du mûrier au moyen de primes et, sous Colbert, en 1664, des filatures importantes étaient établies à Lavaur. En 1757, on y voyait, en activité, des métiers de diverses espèces produisant des étoffes de toutes sortes : taffetas, gazes, damas, lampas, brocatelles, etc.

Ces métiers conservèrent toute leur activité jusqu'en 1789, époque à laquelle les événements politiques, les préoccupations de réorganisation sociale et les guerres qui en furent la suite, portèrent un coup désastreux à l'industrie de la soie.

La création dans ce département, en 1830, d'une société séricicole, amena enfin une heureuse réaction.

De nouvelles plantations furent faites ; les filatures encouragées et primées se multiplièrent.

En 1840, le Tarn possédait 83,000 mûriers et produisait de 110 à 115,000 kilogrammes de cocons.

Lavaur était le centre de ce grand mouvement.

La production varie aujourd'hui entre 28 et 30,000 kilogrammes de cocons.

TARN-ET-GARONNE

La production est très divisée dans le Tarn-et-Garonne : 1,200 éducateurs y livrent au commerce environ 23,000 kilogr. de cocons.

Montauban est le centre d'un marché très actif, auquel concourent huit à neuf départements voisins.

VAR

Le Var possède 14,000 hectares plantés en mûriers et ses récoltes moyennes ont été longtemps de 450 à 475,000 kilogr. de cocons ; moyenne que l'épidémie a fait descendre à 120,000 kilog. (entre les années 1850 et 1859.) Ce chiffre est remonté en 1870 à 362,000 kilogr. et en 1871 à 453,000 kilogr.

Ce département, qui fut un des premiers et des plus gravement atteints par le fléau, a été aussi un des plus fermes et des plus vaillants dans la résistance et la lutte.

Nulle part ailleurs on n'a vu une appréciation plus exacte, mieux raisonnée de la situation; nulle part on ne s'est adonné avec plus d'intelligence à la recherche des lieux de petite production, au choix des reproducteurs et au grainage par sélection microscopique.

Les races japonaises y ont été à peu près complètement abandonnées au profit des types indigènes ou débris de types jaunes étrangers.

VAUCLUSE

Nous voici arrivé à la région par excellence de la soie en France.

Ce département, où les mûriers portent encore le nom de *Sully*, en souvenir du grand ministre, par les soins duquel il y furent multipliés à profusion, en possède 4,000,000 de pieds, répartis sur une superficie de 4,000 hectares.

On y posait avant l'épidémie 40,000 onces de graines, rendant environ 1,250,000 kilogrammes de cocons.

Cette récolte a été, de 1855 à 1865, réduite à un tiers ou à un cinquième; mais elle s'est relevée de façon à donner une bonne demi-récolte.

Celle de 1870 a été de 686,000 kilogrammes fournis par 44,000 onces, dont 40 0/0 en cocons japonais.

VIENNE

L'éducation des vers à soie, remonte, en Poitou, au commencement du dix-huitième siècle; dès 1750, elle y était florissante ; négligée ensuite, cette industrie reprit, vers 1830, un essor qui semblait promettre d'heureux résultats, mais qui déclina vers 1841.

Aujourd'hui la production de la Vienne ne dépasse pas quelques centaines de kilogrammes.

YONNE

L'époque d'introduction de la sériciculture dans l'Yonne et les vicissitudes que cette industrie a pu y subir sont peu connues.

Les seuls chiffres certains sont ceux qui se rapportent à l'époque actuelle et qui accusent une production de 4 à 500 kilogrammes seulement.

Nous ne reproduirons pas dans ses détails l'intéressant résumé par lequel M. Duseigneur termine cette étude statistique; nous nous bornerons à en indiquer le chiffres totaux; ces chiffres suffiront, du reste, à donner une idée exacte de la situation faite par l'épidémie, à notre production séricicole :

Pendant la période qui a précédé la maladie, c'est-à-dire de 1845 à 1855, la production de la France en cocons était de : 17,578,600 kilogrammes; pendant la période de relèvement, depuis la maladie, c'est-à-dire de 1871 à 1872, elle n'a plus été que de 10,546,200 kilogrammes.

CULTURE DU MURIER ET PRODUCTION DE LA SOIE

DANS NOS COLONIES

ALGÉRIE

L'industrie de la soie était, avant l'occupation française, complètement inconnue en Algérie.

Les Maures y cultivaient, il est vrai, le mûrier, mais uniquement comme arbre fruitier ou comme arbre d'agrément.

La prompte et belle venue de ces arbres, l'abondance et la qualité de leur feuillage, furent pour nos premiers colons une indication qui les engagea à tourner du côté de la sériciculture leurs efforts et leurs espérances.

De 1832 à 1834, quelques plantations particulières furent faites, et le gouvernement ayant fondé son jardin d'essai de Hamma, établissement qui ne devait pas tarder à devenir pour l'Algérie une vaste pépinière et un heureux centre d'acclimatation, on vit figurer parmi les premières plantations 116 mûriers en plein vent et 13,000 pourettes.

Cet exemple fut suivi et les résultats ne se firent pas attendre.

En 1839, on comptait dans le Sahel 100,000 pieds de mûriers.

En 1840, la magnanerie de Hamma était fondée par les soins du gouvernement, une petite filature y était établie : l'administration des ponts et chaussées, celle des eaux et forêts, prenaient des mesures pour que l'arbre nourrisseur du Bombyx fut multiplié dans tous les terrains ressortant de leur service.

En 1847, la filature de Hamma recevait et dévidait 820 kilogrammes de cocons.

En 1850, quatre-vingts éducateurs récoltaient 3,800 kilogrammes, et l'année suivante l'Algérie faisait sa première apparition parmi les pays producteurs de la soie.

Cette prise de possession d'une industrie nouvelle était entourée, pour notre colonie, de circonstances particulières qui en relevaient l'éclat et en augmentait le prix.

C'est à l'exposition de Londres que les soies d'Algérie entraient ainsi en lice.

Le succès qu'elles obtinrent était de nature à stimuler le zèle des producteurs : en 1852 non plus 80, mais 484 éducateurs algériens fournissaient à notre industrie 5,900 kilogrammes.

Ce nombre faisait plus que doubler l'année suivante et, dès 1854, les produits séricicoles de l'Algérie se décomposaient ainsi :

Province d'Alger........	7,950 kilogr.
— de Philippeville / — de Constantine. / — de Bone......	2,500 —
— d'Oran........	1,350 —
	11,800 kilogr.

Cette marche ascendante avait continué à s'accentuer, lorsque la maladie atteignit l'Algérie.

Elle y sévit tout d'abord avec une effrayante intensité : en 1857, le rendement n'est plus que de 1,950 kilogrammes, alors que la récolte des feuilles eût permis d'arriver à 300,000 kilogrammes.

Près de 10 années s'écoulent avec des alternatives d'espoir et de découragement, produites par des variations entre les chiffres minimum de 1,950 kilogrammes que nous venons d'indiquer et un maximum de 3 à 4,000 kilogrammes.

L'amélioration s'accentue ; en 1867 la récolte produit :

Province d'Alger.......	10,000 kilogr.
— d'Oran........	2,000 —
— de Constantine.	900 —
	12,000 kilogr.

Les cocons d'Algérie proviennent, pour la plupart, de races d'origine française et quelques-unes de race milanaise.

Les soies qui en proviennent sont toutes, comme qualité, des soies de premier ordre.

COCHINCHINE

Nos établissements de Cochinchine semblent destinés à fournir à nos marchés, dans un temps donné, d'abondants et excellents produits séricicoles.

Nous croyons devoir reproduire ici l'intéressant chapitre que M. Duseigneur consacre dans sa monographie du cocon, à cette partie de l'extrême Orient, devenue, depuis près d'un quart de siècle, si intéressante pour nous.

« La Cochinchine, dit-il, qui s'étend sur toute la côte orientale de l'Indo-Chine, depuis la province de Canton, et sur la côte orientale du golfe de Siam, jusqu'aux hauteurs du Cambodge, est divisée en trois régions principales : le Tonkin, au nord; la Cochinchine, proprement dite, jusqu'à la frontière de la province de Bien-H'oa, qui appartient à la France ; la Basse-Cochinchine française, divisée en six provinces : Bien-H'oa, Giading, chef-lieu Saïgon, Mytho, Win-long, Chaudoc et Hâ-tien.

« La Cochinchine appartint aux Chinois quatre ou cinq siècles avant l'ère chrétienne ; elle a donc participé, dans une certaine mesure, à la civilisation du Céleste-Empire ; elle a récolté la soie de toute antiquité. »

Cette industrie y a été toutefois moins développée qu'au Tonkin, plus voisin, à cause des restrictions qu'y apportait le gouvernement annamite ; mais elle est susceptible de prendre une grande extension, but auquel a constamment tendu le gouvernement français, secondé par le concours éclairé et dévoué du comice agricole de Saïgon.

« Il est peu d'Annamites qui ne possèdent quelques mûriers, arbre probablement indigène en Cochinchine. En certaines provinces, comme Chaudoc et Win-long, des lieues entières de terrains en sont complantées le long des fleuves et des arroyas (canaux), les arbres étant généralement disposés sur des levées en terre d'environ 3 mètres, séparées par des fossés de moitié, dans lesquels entre l'eau destinée à entretenir la fraîcheur pendant la saison sèche et à empêcher l'excès d'humidité pendant la saison pluvieuse.

« On plante l'arbrisseau en mai, au début de la saison humide, sans fumure ; les boutures donnent des feuilles au bout de trois mois ; celles-ci sont cueillies à la main, une à une, sauf le bouquet terminal ; un mois après, nouvelle cueillette, et ainsi de suite, cinq à six fois, jusqu'en décembre, époque à laquelle la plante est coupée ras de terre.

« Durant la saison sèche, la végétation languit ; au bout de cinq à six ans, l'arbre est renouvelé.

« Deux variétés principales de mûriers existent

dans le pays, le Dan-Bau et le Dan-Ding ; le premier est meilleur, ayant une feuille moins pointue et plus grande.

« Dans une plantation négligée, le Dan-Bau se transforme en Dan-Ding.

« Une plantation d'un hectare suffit à l'éducation de trente corbeilles de vers, donnant 230 kilogrammes de cocons environ.

« La température moyenne du pays est de 26/28° ; le maximum, 30/32° centigrades.

« L'éducation commence en juillet. Des feuilles de papier couvertes de graines sont placées dans des corbeilles de bambou de 1^{m}40 de diamètre, disposées sur des étagères distantes de 0^{m}20 ; on attend l'éclosion naturelle et les vers s'espacent peu à peu ; au dernier âge, les vers d'une corbeille en occupent trois.

« Le boisement des vers arrivés à maturité se fait de diverses manières : avec des fagots de brindilles végétales, avec de grossiers treillis de grandes herbes plates des marais desséchées, avec des claies spéciales de 1 mètre de long, inclinées.

« Sur les uns et les autres, on transporte à la main les vers mûrs, pris sur les corbeilles qui en renferment de tous les âges.

« L'Annamite vend ses cocons au fur et à mesure d'une production non interrompue, et souvent par fractions très minimes.

« Les étagères sont recouvertes de moustiquaires pour éviter les piqûres de la mouche Lân, insecte ailé, à reflets verdâtres, qui hante les magnaneries.

« Si le ver piqué par elle est jeune, il périra avant d'avoir coconné; s'il en est piqué peu de jours avant la montée, il fait son cocon, d'où sortira plus tard la larve particulière dont l'œuf a été déposé par la mouche. Ce cocon est impropre à la filature.

« Lors de la ponte, pour accélérer celle-ci, les indigènes placent les femelles sur un tamis qu'ils agitent; la rééclosion suit la ponte au bout de dix à douze jours.

« Le cocon cochinchinois donne la quinzième ou seizième partie de son poids en soie.

« Les principaux cantons de production s'étendent sur les rives du Meï-Kong, depuis l'île de Co-Sulin, au nord de Pnuno-Peuh, capitale du Cambodge, jusqu'aux villes de Win-Long et Mytho. »

Les districts de Baria et Batra, province de Bien-Hoa, Bin-Long, dans celle de Giading, le Hyen de Kien-Dang, province de Mytho, sont également très producteurs.

La production des possessions françaises s'élève à environ 600 piculs (36,000 kilogrammes) de soie grège, représentant une récolte de 5 à 600,000 kilogrammes de cocons.

Ce produit est susceptible d'un très grand développement.

Pour le moment, les soies, tant du Tonquin que du Cambodge et de la Cochinchine, sont filées en tous titres, depuis 20 à 100 deniers; elles sont généralement irrégulières, mal croisées, souvent fourrées avec un doupion rougeâtre; leur déchet au dévidage varie de 4 à 30 0/0.

Divers Européens ont établi récemment en Cochinchine des filatures perfectionnées.

En 1869, à Chulin, ville chinoise de Saïgon, fonctionnait une filature à vapeur appartenant à deux Français, qui occupait cent-soixante femmes annamites.

Vers la même époque, M. le capitaine de frégate Vial, directeur de l'intérieur en Cochinchine, et parfaitement au courant des ressources de ce pays, au développement desquelles il avait largement contribué, n'évaluait pas à moins de 10 à 15 millions de francs la valeur des soies qu'il peut fournir un jour.

TABLE DES MATIÈRES

Paris. — Soc. d'imp. Paul Dupont, 41, rue J.-J. Rousseau (Cl.) 133.12.82.

Paris. — Soc. d'Imp. PAUL DUPONT, rue J.-J.-Rousseau, 41. — (Cl.) 23.

www.ingramcontent.com/pod-product-compliance
Ingram Content Group UK Ltd.
Pitfield, Milton Keynes, MK11 3LW, UK
UKHW020950230726
13923UKWH00007B/235